# DIE SPRACHMACHT

## ÜBERZEUGEN UND BEEINFLUSSEN DURCH DIE RICHTIGEN WORTE

Ethan Clarke

# INHALTSVERZEICHNIS

# DIE MACHT DER SPRACHE VERSTEHEN

## DIE BEDEUTUNG DER SPRACHE IN DER KOMMUNIKATION

Die Sprache ist ein mächtiges Werkzeug, das uns ermöglicht, unsere Gedanken, Ideen und Emotionen mit anderen Menschen zu teilen. Sie ist der Schlüssel zur Kommunikation und spielt eine entscheidende Rolle in unserem täglichen Leben. Die Art und Weise, wie wir sprechen und die Worte, die wir wählen, können einen großen Einfluss auf unsere zwischenmenschlichen Beziehungen, unsere beruflichen Erfolge und unsere Fähigkeit, andere zu überzeugen, haben.

Die Bedeutung der Sprache in der Kommunikation kann nicht unterschätzt werden. Sie ermöglicht es uns, unsere Gedanken und Gefühle auszudrücken, Informationen zu vermitteln und Beziehungen aufzubauen. Die Art und Weise, wie wir sprechen, beeinflusst, wie andere uns wahrnehmen und wie sie auf uns reagieren. Eine klare und präzise Sprache kann dazu beitragen, Missverständnisse zu vermeiden und eine effektive Kommunikation zu fördern.

Die Wahl der richtigen Worte ist entscheidend, um andere zu überzeugen und zu beeinflussen. Die Art und Weise, wie wir unsere Gedanken formulieren, kann den Unterschied zwischen Erfolg und Misserfolg in der Kommunikation ausmachen. Eine überzeugende Sprache kann Menschen dazu bringen, uns zuzuhören, unsere Ideen zu akzeptieren und unsere Standpunkte zu teilen.

Eine klare und präzise Sprache ermöglicht es uns, unsere Botschaften effektiv zu vermitteln. Indem wir unsere Gedanken klar und verständlich ausdrücken, können wir sicherstellen, dass unsere Botschaften von anderen richtig interpretiert werden. Eine präzise Sprache hilft uns auch, unsere Argumente zu stärken und unsere Standpunkte zu verteidigen.

Die Sprache hat auch eine emotionale Wirkung auf uns und andere. Die Art und Weise, wie wir sprechen, kann Gefühle wie Freude, Trauer, Wut oder Begeisterung hervorrufen. Durch die bewusste Verwendung von emotional geladenen Worten können wir die Aufmerksamkeit anderer erregen und ihre Emotionen ansprechen. Eine emotionale Sprache kann dazu beitragen, eine starke Verbindung zu anderen aufzubauen und sie dazu zu bringen, uns zu vertrauen und uns zu folgen.

Darüber hinaus können sprachliche Stilmittel wie Metaphern, Vergleiche und rhetorische Fragen unsere Botschaften verstärken und unsere Überzeugungskraft erhöhen. Indem wir diese Stilmittel geschickt einsetzen, können wir die Aufmerksamkeit anderer erregen und ihre Vorstellungskraft anregen. Eine geschickte Verwendung von sprachlichen Stilmitteln kann uns helfen, unsere Ideen und Argumente auf eine einprägsame und überzeugende Weise zu präsentieren.

Die Körpersprache spielt ebenfalls eine wichtige Rolle in der Kommunikation. Unsere Gestik, Mimik und Körperhaltung können oft mehr über unsere Gedanken und Gefühle verraten als unsere Worte. Eine offene und selbstbewusste Körpersprache kann dazu beitragen, Vertrauen aufzubauen und andere zu überzeugen. Indem wir unsere Körpersprache bewusst einsetzen, können wir unsere Worte verstärken und unsere Überzeugungskraft erhöhen.

In diesem Kapitel werden wir uns eingehend mit der Bedeutung der Sprache in der Kommunikation befassen. Wir werden untersuchen, wie die Wahl der richtigen Worte und die Verwendung von sprachlichen Stilmitteln unsere Überzeugungskraft beeinflussen können. Darüber hinaus werden wir die Rolle der Körpersprache in der Kommunikation untersuchen und lernen, wie wir sie effektiv einsetzen können, um andere zu überzeugen.

Die Macht der Sprache ist ein faszinierendes Thema, das uns ermöglicht, unsere Kommunikationsfähigkeiten zu verbessern und unsere Ziele effektiver zu erreichen. Indem wir die Bedeutung der Sprache in der Kommunikation verstehen und lernen, sie gezielt einzusetzen, können wir unsere Überzeugungskraft stärken und andere Menschen beeinflussen.

## DIE WIRKUNG VON WORTEN UND SÄTZEN

Die Worte, die wir wählen, und die Sätze, die wir bilden, haben eine immense Wirkung auf unsere Kommunikation und die Art und Weise, wie wir andere Menschen beeinflussen können. In diesem Kapitel werden wir uns genauer mit der Macht von Worten und Sätzen auseinandersetzen und lernen, wie wir sie gezielt einsetzen können, um andere zu überzeugen.

### DIE BEDEUTUNG DER WORTWAHL

Die Wahl der richtigen Worte ist entscheidend, um unsere Botschaft klar und verständlich zu vermitteln. Jedes Wort hat eine bestimmte Bedeutung und kann unterschiedliche Assoziationen und Emotionen hervorrufen. Indem wir bewusst die richtigen Worte wählen, können wir die gewünschte Wirkung erzielen und unsere Überzeugungskraft stärken.

Es ist wichtig, positive und kraftvolle Worte zu verwenden, um eine positive Atmosphäre zu schaffen und das Vertrauen unserer Zuhörer zu gewinnen. Worte wie "erfolgreich", "glücklich" und "gewinnen" erzeugen positive Emotionen und motivieren andere dazu, uns zuzuhören und uns zu folgen. Auf der anderen Seite sollten wir negative und abwertende Worte vermeiden, da sie eine negative Stimmung erzeugen und das Vertrauen unserer Zuhörer beeinträchtigen können.

## DIE MACHT DER SPRACHBILDER

Sprachbilder sind eine effektive Möglichkeit, unsere Botschaften lebendig und anschaulich zu gestalten. Indem wir bildhafte Sprache verwenden, können wir die Vorstellungskraft unserer Zuhörer ansprechen und Emotionen wecken. Zum Beispiel können wir sagen: "Die Sonne strahlt warm vom Himmel" anstelle von "Es ist sonnig". Durch die Verwendung von Sprachbildern können wir eine tiefere Verbindung zu unseren Zuhörern herstellen und sie dazu bringen, sich in unsere Botschaft hineinzuversetzen.

Darüber hinaus können wir auch Metaphern und Vergleiche verwenden, um komplexe Konzepte verständlicher zu machen. Indem wir etwas Unbekanntes mit etwas Bekanntem vergleichen, können wir unseren Zuhörern helfen, neue Ideen und Konzepte besser zu verstehen. Zum Beispiel können wir sagen: "Das Leben ist wie eine Reise" oder "Die Liebe ist wie ein Feuer". Solche Vergleiche machen abstrakte Konzepte greifbarer und erleichtern es unseren Zuhörern, sich mit ihnen zu identifizieren.

## DIE KRAFT DER RHETORISCHEN FRAGEN

Rhetorische Fragen sind eine wirkungsvolle Methode, um die Aufmerksamkeit unserer Zuhörer zu gewinnen und sie zum Nachdenken anzuregen. Indem wir Fragen stellen, auf die wir keine direkte Antwort erwarten, können wir unsere Zuhörer dazu bringen, über das Thema nachzudenken und sich aktiv mit unserer Botschaft auseinanderzusetzen. Rhetorische Fragen können auch dazu dienen, eine bestimmte Antwort oder Reaktion zu provozieren und unsere Zuhörer in die gewünschte Richtung zu lenken.

Es ist wichtig, rhetorische Fragen geschickt einzusetzen und sie nicht zu übertreiben. Zu viele Fragen können unsere Zuhörer überfordern und die Wirkung verlieren. Wir sollten sie gezielt einsetzen, um unsere Botschaft zu verstärken und unsere Zuhörer zum Nachdenken anzuregen.

## DIE MACHT DER WIEDERHOLUNG

Wiederholung ist ein mächtiges rhetorisches Mittel, um unsere Botschaft zu verstärken und im Gedächtnis unserer Zuhörer zu verankern. Indem wir bestimmte Worte oder Sätze wiederholt verwenden, können wir die Aufmerksamkeit unserer Zuhörer auf das Wesentliche lenken und ihnen helfen, sich besser an unsere Botschaft zu erinnern.

Es ist wichtig, die Wiederholung jedoch nicht zu übertreiben. Zu viel Wiederholung kann langweilig und monoton wirken und die Aufmerksamkeit unserer Zuhörer verlieren. Wir sollten die Wiederholung gezielt einsetzen, um wichtige Punkte zu betonen und unsere Botschaft zu verstärken.

Die Wirkung von Worten und Sätzen ist enorm. Indem wir die richtigen Worte wählen, Sprachbilder verwenden, rhetorische Fragen stellen und die Kraft der Wiederholung nutzen, können wir unsere Überzeugungskraft stärken und andere Menschen beeinflussen. In den folgenden Kapiteln werden wir uns weiter mit den verschiedenen Aspekten der Sprachmacht auseinandersetzen und lernen, wie wir sie in verschiedenen Kontexten erfolgreich einsetzen können.

## SPRACHLICHE STILMITTEL UND IHRE ANWENDUNG

Sprache ist ein mächtiges Werkzeug, das uns ermöglicht, unsere Gedanken und Ideen auszudrücken. Doch es geht nicht nur darum, was wir sagen, sondern auch wie wir es sagen. Sprachliche Stilmittel sind Techniken, die wir verwenden können, um unsere Botschaften effektiver zu vermitteln und unsere Zuhörer zu überzeugen. In diesem Kapitel werden wir uns mit einigen dieser Stilmittel befassen und lernen, wie wir sie in verschiedenen Situationen anwenden können.

## METAPHERN UND VERGLEICHE

Metaphern und Vergleiche sind mächtige sprachliche Stilmittel, die es uns ermöglichen, komplexe Ideen und Konzepte auf verständliche und anschauliche Weise zu vermitteln. Indem wir etwas Unbekanntes mit etwas Bekanntem vergleichen, können wir unseren Zuhörern helfen, eine Verbindung herzustellen und die Bedeutung unserer Botschaft besser zu verstehen.

Ein Beispiel für die Anwendung von Metaphern und Vergleichen wäre: "Das Leben ist wie eine Reise. Manchmal gibt es steinige Wege und unerwartete Abzweigungen, aber am Ende erreichen wir unser Ziel." Durch diese Metapher wird das Konzept des Lebens als Reise veranschaulicht, was es den Zuhörern erleichtert, sich mit der Botschaft zu identifizieren und sie zu verstehen.

## RHETORISCHE FRAGEN

Rhetorische Fragen sind Fragen, die nicht beantwortet werden müssen, da ihre Antwort offensichtlich oder implizit ist. Sie dienen dazu, die Aufmerksamkeit des Zuhörers zu wecken und ihn zum Nachdenken anzuregen. Rhetorische Fragen können verwendet werden, um eine bestimmte Aussage zu betonen oder um den Zuhörer dazu zu bringen, über ein bestimmtes Thema nachzudenken.

Ein Beispiel für die Anwendung rhetorischer Fragen wäre: "Wollen wir wirklich in einer Welt leben, in der Gleichberechtigung nur ein Lippenbekenntnis ist?" Diese Frage zielt darauf ab, die Aufmerksamkeit des Zuhörers auf die Diskrepanz zwischen den idealen Werten der Gleichberechtigung und der Realität zu lenken und ihn zum Nachdenken über die Konsequenzen zu bringen.

## WIEDERHOLUNG

Wiederholung ist ein einfaches, aber effektives sprachliches Stilmittel, das dazu dient, eine Botschaft zu verstärken und im Gedächtnis des Zuhörers zu verankern. Indem wir bestimmte Wörter oder Phrasen wiederholen, können wir die Aufmerksamkeit des Zuhörers auf das Wesentliche lenken und unsere Botschaft nachdrücklich vermitteln.

Ein Beispiel für die Anwendung von Wiederholung wäre: "Wir müssen handeln, wir müssen jetzt handeln, um eine bessere Zukunft zu schaffen." Durch die Wiederholung des Wortes "handeln" wird die Dringlichkeit und Notwendigkeit der Aktion betont und die Botschaft im Gedächtnis des Zuhörers verankert.

## IRONIE UND SARKASMUS

Ironie und Sarkasmus sind sprachliche Stilmittel, die verwendet werden, um eine Botschaft auf humorvolle und oft sarkastische Weise zu vermitteln. Sie können dazu dienen, eine kritische Haltung auszudrücken oder eine bestimmte Aussage zu unterstreichen. Ironie und Sarkasmus erfordern jedoch ein gewisses Maß an Fingerspitzengefühl und sollten mit Vorsicht eingesetzt werden, um Missverständnisse zu vermeiden.

Ein Beispiel für die Anwendung von Ironie und Sarkasmus wäre: "Ja, natürlich ist es eine großartige Idee, noch mehr Zeit mit Meetings zu verbringen. Schließlich haben wir ja sonst nichts zu tun." Durch diese ironische Aussage wird die Absurdität der Situation betont und eine kritische Haltung gegenüber übermäßigen Meetings zum Ausdruck gebracht.

## EMOTIONALE APPELLE

Emotionale Appelle sind sprachliche Stilmittel, die darauf abzielen, die Emotionen des Zuhörers anzusprechen und eine emotionale Reaktion hervorzurufen. Indem wir auf die Gefühle und Werte des Zuhörers eingehen, können wir eine tiefere Verbindung herstellen und unsere Botschaft effektiver vermitteln.

Ein Beispiel für die Anwendung von emotionalen Appellen wäre: "Denken Sie an die Zukunft Ihrer Kinder und Enkelkinder. Was für eine Welt möchten Sie ihnen hinterlassen?" Durch diesen emotionalen Appell wird die Verantwortung des Zuhörers für die Zukunft betont und seine Motivation zur Handlung gestärkt.

Die Anwendung dieser sprachlichen Stilmittel erfordert Übung und Fingerspitzengefühl. Es ist wichtig, sie in angemessener Weise und im Einklang mit der jeweiligen Situation einzusetzen. Indem wir uns bewusst mit den verschiedenen Stilmitteln auseinandersetzen und sie gezielt einsetzen, können wir unsere Überzeugungskraft und Beeinflussungsfähigkeit durch die richtigen Worte weiterentwickeln.

# DIE ROLLE DER KÖRPERSPRACHE IN DER KOMMUNIKATION

Die Körpersprache spielt eine entscheidende Rolle in der Kommunikation. Sie ist ein wichtiger Bestandteil unserer nonverbalen Kommunikation und kann oft mehr über unsere Gefühle und Absichten verraten als unsere Worte allein. In diesem Kapitel werden wir uns genauer mit der Bedeutung der Körpersprache befassen und wie sie unsere Überzeugungskraft beeinflusst.

## DIE BEDEUTUNG VON KÖRPERSPRACHE UND MIMIK

Unsere Körpersprache umfasst eine Vielzahl von nonverbalen Signalen, die wir unbewusst senden. Dazu gehören unsere Körperhaltung, Gestik, Mimik, Augenkontakt und sogar unsere Atmung. Diese Signale können oft mehr über unsere Emotionen und Absichten verraten als unsere Worte. Eine aufrechte

Körperhaltung und offene Gestik signalisieren beispielsweise
Selbstbewusstsein und Offenheit, während eine gesenkte
Körperhaltung und verschränkte Arme eher Unsicherheit oder
Ablehnung ausdrücken können. Unsere Mimik, insbesondere
unsere Gesichtsausdrücke, spiegeln unsere Emotionen wider und
können unsere Worte verstärken oder abschwächen.

## DIE KUNST DES BLICKKONTAKTS

Der Blickkontakt ist ein weiteres wichtiges Element der
Körpersprache. Er ermöglicht es uns, eine Verbindung zu unserem
Gesprächspartner herzustellen und zeigt Interesse und
Aufmerksamkeit. Ein angemessener Blickkontakt signalisiert
Vertrauen und Offenheit, während mangelnder Blickkontakt als
Desinteresse oder Unsicherheit interpretiert werden kann. Es ist
wichtig, den Blickkontakt während einer Unterhaltung
aufrechtzuerhalten, aber auch darauf zu achten, dass er nicht zu
intensiv oder unangenehm wird.

## DIE BEDEUTUNG VON GESTIK UND HALTUNG

Unsere Gestik und Körperhaltung können unsere Worte
unterstützen und verstärken. Eine offene Gestik, bei der wir unsere
Hände verwenden, um unsere Aussagen zu unterstreichen, verleiht
unseren Worten mehr Nachdruck und Glaubwürdigkeit. Eine
aufrechte Körperhaltung signalisiert Selbstbewusstsein und
Autorität. Es ist wichtig, auf eine angemessene Gestik und Haltung
zu achten, um unsere Überzeugungskraft zu stärken und unsere
Botschaft klar zu vermitteln.

## DIE NONVERBALE KOMMUNIKATION IM ALLTAG

Die nonverbale Kommunikation spielt nicht nur in formellen
Situationen eine Rolle, sondern auch im Alltag. In Gesprächen mit
Freunden, Familie oder Kollegen können unsere nonverbalen
Signale genauso wichtig sein wie unsere Worte. Eine offene

Körperhaltung und positive Gestik können das Vertrauen und die Sympathie unserer Gesprächspartner stärken. Ein angemessener Blickkontakt und eine aufmerksame Mimik zeigen, dass wir ihnen zuhören und sie ernst nehmen. Indem wir unsere nonverbale Kommunikation bewusst einsetzen, können wir unsere Beziehungen verbessern und unsere Überzeugungskraft im Alltag stärken.

Die Körpersprache ist ein mächtiges Werkzeug, um unsere Überzeugungskraft zu unterstützen. Indem wir auf unsere Körperhaltung, Gestik, Mimik und Blickkontakt achten, können wir unsere Worte verstärken und unsere Botschaften klarer und überzeugender vermitteln. In den folgenden Kapiteln werden wir uns weiterhin mit verschiedenen Aspekten der Überzeugungskraft befassen und lernen, wie wir unsere Sprache und nonverbale Kommunikation gezielt einsetzen können, um andere zu beeinflussen und zu überzeugen.

# DIE KUNST DER ÜBERZEUGUNG

## DIE GRUNDLAGEN DER ÜBERZEUGUNGSKRAFT

Die Überzeugungskraft ist eine Fähigkeit, die in vielen Bereichen des Lebens von großer Bedeutung ist. Egal ob im Beruf, in zwischenmenschlichen Beziehungen oder in der Politik - die Fähigkeit, andere Menschen von seinen Ideen, Meinungen oder Zielen zu überzeugen, kann den entscheidenden Unterschied machen. In diesem Kapitel werden die grundlegenden Prinzipien der Überzeugungskraft erläutert und Tipps gegeben, wie man diese Fähigkeit erfolgreich einsetzen kann.

### DIE MACHT DER ÜBERZEUGUNG

Die Überzeugungskraft basiert auf der Fähigkeit, andere Menschen von der Richtigkeit oder Attraktivität einer bestimmten Idee oder Handlung zu überzeugen. Es geht darum, die Aufmerksamkeit des Gegenübers zu gewinnen, Vertrauen aufzubauen und eine emotionale Verbindung herzustellen. Die Macht der Überzeugung liegt in der Fähigkeit, Menschen dazu zu bringen, das zu tun, was man von ihnen möchte, ohne dabei auf Zwang oder Manipulation zurückzugreifen.

### AUTHENTIZITÄT UND GLAUBWÜRDIGKEIT

Ein wichtiger Aspekt der Überzeugungskraft ist die Authentizität und Glaubwürdigkeit des Sprechers. Menschen sind eher bereit, jemandem zu folgen oder seine Meinung zu akzeptieren, wenn sie das Gefühl haben, dass dieser Mensch ehrlich und vertrauenswürdig ist. Es ist daher wichtig, sich selbst treu zu bleiben und seine Überzeugungen und Werte klar zu kommunizieren. Nur so kann man das Vertrauen anderer gewinnen und sie von seinen Ideen überzeugen.

## EMPATHIE UND VERSTÄNDNIS

Ein weiterer wichtiger Faktor für eine erfolgreiche Überzeugungskraft ist die Fähigkeit, sich in die Lage des Gegenübers zu versetzen und seine Perspektive zu verstehen. Indem man aufmerksam zuhört und versucht, die Bedürfnisse, Wünsche und Sorgen des anderen zu erkennen, kann man eine Verbindung herstellen und seine Argumente gezielt darauf abstimmen. Empathie und Verständnis schaffen eine positive Atmosphäre und erleichtern es, andere Menschen von seinen Ideen zu überzeugen.

## DIE MACHT DER SPRACHE

Die Sprache ist das wichtigste Werkzeug der Überzeugungskraft. Die Art und Weise, wie wir unsere Gedanken und Ideen formulieren, kann einen großen Einfluss darauf haben, wie sie von anderen wahrgenommen werden. Es ist wichtig, klar und präzise zu kommunizieren, um Missverständnisse zu vermeiden. Gleichzeitig kann die Wahl der Worte und die Verwendung von sprachlichen Stilmitteln die Wirkung unserer Botschaft verstärken. In diesem Kapitel werden verschiedene Techniken und Strategien vorgestellt, wie man die Macht der Sprache gezielt einsetzen kann, um andere Menschen zu überzeugen.

## DIE BEDEUTUNG VON KÖRPERSPRACHE UND STIMME

Neben der verbalen Kommunikation spielt auch die nonverbale Kommunikation eine entscheidende Rolle bei der Überzeugungskraft. Die Körpersprache, Mimik und Gestik können Emotionen und Botschaften verstärken oder abschwächen. Ebenso wichtig ist die Stimme, ihre Tonlage, Lautstärke und Betonung. In diesem Kapitel werden Techniken vorgestellt, wie man seine

Körpersprache und Stimme gezielt einsetzen kann, um seine
Überzeugungskraft zu stärken.

## DIE KUNST DES STORYTELLINGS

Eine besonders effektive Methode, um Menschen zu überzeugen,
ist die Kunst des Storytellings. Geschichten haben die Fähigkeit,
Emotionen zu wecken und eine Verbindung herzustellen. Indem
man seine Botschaft in Form einer Geschichte verpackt, kann man
die Aufmerksamkeit des Gegenübers gewinnen und seine
Überzeugungskraft erhöhen. In diesem Kapitel werden
verschiedene Techniken des Storytellings vorgestellt und Tipps
gegeben, wie man Geschichten gezielt einsetzen kann, um andere
Menschen zu überzeugen.

## DIE KUNST DES FRAGENSTELLENS

Fragen sind ein mächtiges Werkzeug der Überzeugungskraft.
Durch geschicktes Fragen kann man das Denken und die
Perspektive des Gegenübers lenken und seine Aufmerksamkeit auf
bestimmte Aspekte lenken. Fragen können auch dazu dienen, den
Dialog zu fördern und eine aktive Beteiligung des Gegenübers zu
erreichen. In diesem Kapitel werden verschiedene Techniken des
Fragenstellens vorgestellt und Tipps gegeben, wie man Fragen
gezielt einsetzen kann, um andere Menschen zu überzeugen.

## DIE KUNST DES WIDERLEGENS

Eine weitere wichtige Fähigkeit der Überzeugungskraft ist die
Kunst des Widerlegens. Es ist wichtig, auf Einwände und
Gegenargumente vorbereitet zu sein und diese souverän zu
entkräften. Indem man auf die Bedenken und Zweifel des
Gegenübers eingeht und überzeugende Argumente liefert, kann
man seine Überzeugungskraft stärken. In diesem Kapitel werden
verschiedene Techniken des Widerlegens vorgestellt und Tipps
gegeben, wie man erfolgreich auf Einwände reagieren kann.

## DIE BEDEUTUNG VON EMOTIONEN

Emotionen spielen eine entscheidende Rolle bei der Überzeugungskraft. Menschen treffen Entscheidungen oft aufgrund von Emotionen und nicht nur aufgrund von rationalen Argumenten. Es ist daher wichtig, Emotionen gezielt anzusprechen und positive Emotionen zu wecken, um andere Menschen von seinen Ideen zu überzeugen. In diesem Kapitel werden verschiedene Techniken vorgestellt, wie man Emotionen gezielt einsetzen kann, um seine Überzeugungskraft zu stärken.

## DIE KUNST DES ABSCHLUSSES

Der Abschluss ist ein entscheidender Moment bei der Überzeugungskraft. Es geht darum, den Gesprächspartner zu einer konkreten Handlung zu bewegen oder eine Entscheidung zu treffen. In diesem Kapitel werden verschiedene Techniken vorgestellt, wie man den Abschluss erfolgreich gestalten kann und seine Überzeugungskraft bis zum Schluss aufrechterhält.

Die Grundlagen der Überzeugungskraft sind vielfältig und erfordern Übung und Erfahrung. Mit den richtigen Techniken und Strategien kann man jedoch seine Überzeugungskraft stärken und andere Menschen erfolgreich von seinen Ideen überzeugen. In den folgenden Kapiteln werden diese Techniken weiter vertieft und in verschiedenen Kontexten angewendet.

# ARGUMENTATIONSTECHNIKEN UND IHRE ANWENDUNG

In diesem Kapitel werden wir uns mit den verschiedenen Argumentationstechniken befassen, die Ihnen helfen können, andere Menschen zu überzeugen. Die Art und Weise, wie Sie Ihre Argumente präsentieren, kann einen großen Einfluss darauf haben, ob Ihre Botschaft erfolgreich vermittelt wird oder nicht. Daher ist es wichtig, die richtigen Techniken zu kennen und sie effektiv einzusetzen.

## DIE KUNST DER LOGISCHEN ARGUMENTATION

Eine der wichtigsten Techniken, um andere Menschen zu überzeugen, ist die logische Argumentation. Hierbei geht es darum, Ihre Aussagen auf klaren und nachvollziehbaren Gründen aufzubauen. Eine logische Argumentation basiert auf Fakten, Beweisen und vernünftigen Schlussfolgerungen. Indem Sie Ihre Argumente auf solide Grundlagen stützen, können Sie das Vertrauen Ihrer Zuhörer gewinnen und sie von der Richtigkeit Ihrer Aussagen überzeugen.

Um eine logische Argumentation zu entwickeln, ist es wichtig, Ihre Aussagen gut zu strukturieren. Beginnen Sie mit einer klaren These und unterstützen Sie diese mit relevanten Fakten und Beispielen. Vermeiden Sie es, sich in unwichtigen Details zu verlieren und bleiben Sie bei Ihrer Hauptargumentation. Durch eine klare und strukturierte Argumentation können Sie Ihre Zuhörer leichter überzeugen.

## DIE KUNST DER EMOTIONALEN ARGUMENTATION

Neben der logischen Argumentation spielt auch die emotionale Argumentation eine wichtige Rolle, wenn es darum geht, andere Menschen zu überzeugen. Emotionen können eine starke Wirkung haben und das Verhalten und die Entscheidungen anderer Menschen beeinflussen. Indem Sie Ihre Argumente mit emotionalen Elementen verknüpfen, können Sie eine tiefere Verbindung zu Ihren Zuhörern herstellen und sie auf einer emotionalen Ebene ansprechen.

Um eine emotionale Argumentation zu entwickeln, ist es wichtig, die Bedürfnisse, Wünsche und Ängste Ihrer Zuhörer zu verstehen. Versuchen Sie, Ihre Argumente so zu präsentieren, dass sie diese emotionalen Aspekte ansprechen. Verwenden Sie zum Beispiel Geschichten oder persönliche Erfahrungen, um Ihre Botschaft zu vermitteln. Durch eine emotionale Argumentation können Sie das Interesse und die Aufmerksamkeit Ihrer Zuhörer gewinnen und sie dazu bringen, Ihre Standpunkte zu akzeptieren.

## DIE KUNST DER GEGENARGUMENTATION

Bei der Überzeugung anderer Menschen ist es oft notwendig, auf mögliche Gegenargumente einzugehen und diese zu entkräften. Die Kunst der Gegenargumentation besteht darin, die Standpunkte anderer Menschen zu verstehen und darauf einzugehen, ohne dabei Ihre eigenen Argumente zu schwächen.

Um effektiv auf Gegenargumente einzugehen, ist es wichtig, diese sorgfältig zu analysieren und zu verstehen. Nehmen Sie die Sichtweise anderer Menschen ernst und zeigen Sie Respekt für ihre Meinungen. Anstatt die Gegenargumente einfach abzulehnen, versuchen Sie, sie zu widerlegen, indem Sie logische und überzeugende Gründe präsentieren. Durch eine starke Gegenargumentation können Sie Ihre Position stärken und Ihre Zuhörer von der Richtigkeit Ihrer Aussagen überzeugen.

## DIE KUNST DER ÜBERZEUGUNG DURCH AUTORITÄT

Eine weitere Technik, um andere Menschen zu überzeugen, ist die Überzeugung durch Autorität. Menschen neigen dazu, den Aussagen und Meinungen von Experten und Autoritäten mehr Gewicht zu geben. Indem Sie Ihre Argumente mit Zitaten von anerkannten Experten oder Studien unterstützen, können Sie Ihre Glaubwürdigkeit erhöhen und Ihre Zuhörer überzeugen.

Bei der Anwendung dieser Technik ist es wichtig, glaubwürdige Quellen zu verwenden und diese richtig zu zitieren. Stellen Sie sicher, dass die von Ihnen verwendeten Zitate und Studien relevant und aktuell sind. Durch die Verwendung von Autoritätsargumenten können Sie Ihre Argumente stärken und Ihre Zuhörer dazu bringen, Ihre Standpunkte ernst zu nehmen.

## DIE KUNST DER ÜBERZEUGUNG DURCH SOZIALE BEWEISE

Menschen sind oft beeinflusst von dem, was andere Menschen denken und tun. Die Überzeugung durch soziale Beweise basiert auf dem Prinzip, dass Menschen dazu neigen, das Verhalten und die Meinungen anderer Menschen zu imitieren. Indem Sie positive Beispiele und Erfolgsgeschichten präsentieren, können Sie Ihre Zuhörer dazu bringen, Ihre Standpunkte zu akzeptieren.

Um die Überzeugung durch soziale Beweise effektiv einzusetzen, ist es wichtig, relevante und glaubwürdige Beispiele zu präsentieren. Zeigen Sie Ihren Zuhörern, dass andere Menschen bereits von Ihren Ideen oder Produkten profitiert haben. Durch die Verwendung von sozialen Beweisen können Sie das Vertrauen und die Akzeptanz Ihrer Zuhörer gewinnen und sie dazu bringen, Ihre Standpunkte zu unterstützen.

## ZUSAMMENFASSUNG

In diesem Kapitel haben wir uns mit den verschiedenen Argumentationstechniken beschäftigt, die Ihnen helfen können, andere Menschen zu überzeugen. Die logische Argumentation basiert auf Fakten und Beweisen, während die emotionale Argumentation auf die Ansprache der Gefühle Ihrer Zuhörer abzielt. Die Gegenargumentation ermöglicht es Ihnen, auf mögliche Einwände einzugehen und diese zu entkräften. Die Überzeugung durch Autorität und soziale Beweise basiert auf dem Prinzip, dass Menschen dazu neigen, den Aussagen und Meinungen von Experten und anderen Menschen zu folgen. Indem Sie diese Techniken effektiv einsetzen, können Sie Ihre Überzeugungskraft verbessern und andere Menschen erfolgreich beeinflussen.

# DIE KUNST DES ZUHÖRENS UND VERSTEHENS

Die Kunst des Zuhörens und Verstehens ist ein entscheidender Faktor, um andere Menschen zu überzeugen und zu beeinflussen. Oftmals neigen wir dazu, in Gesprächen vor allem unsere eigenen Gedanken und Meinungen zu äußern, anstatt aktiv zuzuhören und die Perspektive unseres Gegenübers zu verstehen. Doch gerade durch das Zuhören und Verstehen können wir eine tiefere Verbindung herstellen und unsere Überzeugungskraft stärken.

## DIE BEDEUTUNG DES AKTIVEN ZUHÖRENS

Aktives Zuhören bedeutet, sich voll und ganz auf das Gesagte des anderen zu konzentrieren und dabei sowohl verbal als auch nonverbal zu signalisieren, dass man wirklich interessiert ist. Dies zeigt dem Gesprächspartner, dass man seine Meinung und Gefühle respektiert und ernst nimmt. Durch aktives Zuhören können wir nicht nur die Bedürfnisse und Wünsche unseres Gegenübers besser verstehen, sondern auch mögliche Missverständnisse vermeiden.

## DIE KUNST DES VERSTEHENS

Das Verstehen geht über das bloße Zuhören hinaus. Es bedeutet, die Perspektive des anderen einzunehmen und seine Gedanken und Gefühle nachzuvollziehen. Dies erfordert Empathie und die Fähigkeit, sich in die Lage des anderen hineinzuversetzen. Indem wir versuchen, die Welt aus den Augen unseres Gegenübers zu sehen, können wir eine tiefere Verbindung herstellen und Vertrauen aufbauen.

## DIE BEDEUTUNG VON FRAGEN

Fragen sind ein mächtiges Werkzeug, um das Verstehen zu vertiefen und den Gesprächspartner dazu zu ermutigen, seine Gedanken und Gefühle weiter auszudrücken. Offene Fragen, die nicht mit "Ja" oder "Nein" beantwortet werden können, eröffnen

Raum für einen tieferen Dialog und ermöglichen es uns, mehr über die Motivationen und Bedürfnisse unseres Gegenübers zu erfahren. Durch gezieltes Fragen können wir auch Missverständnisse klären und eine gemeinsame Basis für die Überzeugung schaffen.

## DIE KUNST DES ZUSAMMENFASSENS

Das Zusammenfassen ist eine Technik, um das Gesagte des anderen in eigenen Worten wiederzugeben. Dadurch zeigen wir unserem Gesprächspartner, dass wir wirklich zugehört und verstanden haben. Gleichzeitig ermöglicht uns das Zusammenfassen, mögliche Missverständnisse aufzudecken und sicherzustellen, dass wir auf derselben Wellenlänge sind. Durch das Zusammenfassen können wir auch unsere eigene Überzeugungskraft stärken, indem wir die Argumente und Standpunkte des anderen präzise wiedergeben und darauf aufbauen.

## DIE KUNST DES EMPATHISCHEN VERSTEHENS

Empathisches Verstehen bedeutet, die Gefühle und Bedürfnisse des anderen zu erkennen und anzuerkennen. Es erfordert Sensibilität und die Fähigkeit, sich in die Emotionen des anderen hineinzuversetzen. Indem wir empathisch sind, können wir eine Verbindung herstellen und Vertrauen aufbauen. Dies ermöglicht es uns, unsere Überzeugungskraft zu stärken, indem wir auf die emotionalen Bedürfnisse unseres Gegenübers eingehen und unsere Argumente entsprechend anpassen.

## DIE BEDEUTUNG VON FEEDBACK

Feedback ist ein wichtiger Bestandteil des Zuhörens und Verstehens. Indem wir unserem Gesprächspartner Rückmeldungen geben, zeigen wir ihm, dass wir wirklich zugehört haben und seine Meinung respektieren. Gleichzeitig ermöglicht uns das Feedback, mögliche Missverständnisse zu klären und unsere

Überzeugungskraft zu stärken, indem wir auf die Bedürfnisse und Anliegen unseres Gegenübers eingehen.

## DIE KUNST DES AKTIVEN DIALOGS

Der aktive Dialog ist ein dynamischer Austausch von Gedanken und Ideen zwischen zwei oder mehreren Personen. Durch den Dialog können wir nicht nur unsere eigenen Standpunkte klarer formulieren, sondern auch die Perspektiven und Argumente anderer verstehen. Indem wir einen offenen und respektvollen Dialog führen, können wir unsere Überzeugungskraft stärken, indem wir auf die Bedenken und Fragen unseres Gegenübers eingehen und gemeinsam nach Lösungen suchen.

## DIE BEDEUTUNG VON GEDULD UND RESPEKT

Geduld und Respekt sind grundlegende Eigenschaften, um die Kunst des Zuhörens und Verstehens zu beherrschen. Indem wir geduldig sind, geben wir unserem Gesprächspartner die Zeit, seine Gedanken und Gefühle auszudrücken. Gleichzeitig zeigen wir Respekt, indem wir seine Meinung und Perspektive wertschätzen, auch wenn wir anderer Meinung sind. Durch Geduld und Respekt können wir eine Atmosphäre des Vertrauens schaffen und unsere Überzeugungskraft stärken.

## DIE KUNST DES ZUHÖRENS UND VERSTEHENS IN DER PRAXIS

Die Kunst des Zuhörens und Verstehens kann in verschiedenen Lebensbereichen angewendet werden. Im beruflichen Kontext ermöglicht sie eine effektive Kommunikation mit Kollegen, Kunden und Vorgesetzten. In zwischenmenschlichen Beziehungen stärkt sie die Bindung und das Verständnis zwischen Partnern, Freunden und Familienmitgliedern. In der Politik kann sie dazu beitragen, Brücken zwischen verschiedenen Standpunkten zu bauen und Kompromisse zu finden. Durch die Anwendung der

Kunst des Zuhörens und Verstehens können wir unsere Überzeugungskraft in allen Bereichen unseres Lebens verbessern.

## FAZIT

Die Kunst des Zuhörens und Verstehens ist ein wesentlicher Bestandteil der Überzeugungskraft. Indem wir aktiv zuhören, die Perspektive des anderen verstehen und empathisch sind, können wir eine tiefere Verbindung herstellen und unsere Überzeugungskraft stärken. Durch Fragen, Zusammenfassen, Feedback und einen aktiven Dialog können wir Missverständnisse klären und eine gemeinsame Basis für die Überzeugung schaffen. Geduld und Respekt sind dabei entscheidende Eigenschaften, um erfolgreich zu sein. Die Anwendung der Kunst des Zuhörens und Verstehens ermöglicht es uns, unsere Überzeugungskraft in verschiedenen Lebensbereichen zu verbessern und eine positive Wirkung auf andere Menschen zu haben.

# DIE BEDEUTUNG VON EMOTIONEN IN DER ÜBERZEUGUNG

Emotionen spielen eine entscheidende Rolle in der Überzeugungskraft. Sie haben die Fähigkeit, Menschen auf einer tieferen Ebene anzusprechen und eine Verbindung herzustellen. Wenn wir in der Lage sind, Emotionen in unserer Sprache zu nutzen, können wir unsere Botschaften effektiver vermitteln und andere dazu bringen, uns zuzustimmen.

## DIE MACHT DER EMOTIONEN

Emotionen sind ein grundlegender Bestandteil unserer menschlichen Natur. Sie beeinflussen unsere Entscheidungen, unser Verhalten und unsere Wahrnehmung. In der Überzeugungskraft können Emotionen als ein mächtiges Werkzeug eingesetzt werden, um eine Verbindung zu unserem Publikum herzustellen und sie auf einer emotionalen Ebene anzusprechen.

Menschen neigen dazu, auf emotionale Reize stärker zu reagieren als auf rationale Argumente. Indem wir Emotionen in unsere Sprache einfließen lassen, können wir die Aufmerksamkeit und das Interesse unseres Publikums wecken. Emotionale Botschaften bleiben länger im Gedächtnis und haben eine größere Chance, Veränderungen herbeizuführen.

## DIE RICHTIGE EMOTION WÄHLEN

Bei der Verwendung von Emotionen in der Überzeugung ist es wichtig, die richtige Emotion für den jeweiligen Kontext zu wählen. Je nach Ziel und Publikum können verschiedene Emotionen unterschiedliche Wirkungen erzielen. Hier sind einige Beispiele für Emotionen und ihre Auswirkungen:

- Freude: Die Verwendung von positiven und fröhlichen Emotionen kann das Publikum motivieren und begeistern. Es erzeugt eine angenehme Atmosphäre und lässt die Menschen offener für neue Ideen sein.
- Angst: Die Verwendung von Angst kann dazu führen, dass Menschen handeln, um eine Bedrohung zu vermeiden. Es kann als Warnung oder Dringlichkeit dienen und das Publikum dazu bringen, Maßnahmen zu ergreifen.
- Mitgefühl: Die Verwendung von Mitgefühl kann das Publikum dazu bringen, sich mit einer bestimmten Situation oder Person zu identifizieren. Es erzeugt Empathie und Verständnis und kann dazu führen, dass Menschen sich für eine bestimmte Sache engagieren.
- Wut: Die Verwendung von Wut kann dazu führen, dass Menschen ihre Stimme erheben und für Veränderungen kämpfen. Es kann als Katalysator dienen, um Menschen aus ihrer Komfortzone zu bringen und sie dazu zu bringen, aktiv zu werden.

Es ist wichtig, Emotionen mit Bedacht einzusetzen und sicherzustellen, dass sie authentisch und angemessen sind. Emotionale Manipulation kann das Vertrauen und die Glaubwürdigkeit beeinträchtigen und zu negativen Reaktionen führen.

## DIE SPRACHE DER EMOTIONEN

Um Emotionen in unserer Sprache zu nutzen, können wir verschiedene sprachliche Techniken einsetzen. Hier sind einige Beispiele:

- Geschichten erzählen: Geschichten haben die Kraft, Emotionen zu wecken und eine Verbindung herzustellen. Indem wir Geschichten erzählen, können wir unsere Botschaften lebendig machen und das Publikum auf einer emotionalen Ebene ansprechen.
- Metaphern und Bilder: Metaphern und Bilder können komplexe Ideen vereinfachen und sie für das Publikum greifbarer machen. Sie können auch Emotionen hervorrufen und das Verständnis und die Akzeptanz fördern.
- Rhetorische Fragen: Rhetorische Fragen können das Publikum zum Nachdenken anregen und Emotionen wecken. Sie können dazu dienen, eine bestimmte Stimmung zu erzeugen und das Publikum dazu zu bringen, über bestimmte Themen nachzudenken.
- Wiederholung: Durch die Wiederholung von bestimmten Wörtern oder Phrasen können wir Emotionen verstärken und eine bestimmte Botschaft betonen. Wiederholung kann auch dazu dienen, eine Verbindung herzustellen und das Publikum dazu zu bringen, sich an unsere Botschaft zu erinnern.

Es ist wichtig, diese sprachlichen Techniken mit Sorgfalt und Bedacht einzusetzen. Emotionale Überzeugungskraft sollte immer auf Ehrlichkeit und Authentizität basieren. Wenn wir versuchen,

Emotionen zu manipulieren oder zu missbrauchen, kann dies zu negativen Reaktionen führen und unsere Glaubwürdigkeit beeinträchtigen.

## DIE KRAFT DER EMOTIONEN NUTZEN

Die Bedeutung von Emotionen in der Überzeugung kann nicht unterschätzt werden. Indem wir Emotionen in unserer Sprache nutzen, können wir eine tiefere Verbindung zu unserem Publikum herstellen und sie dazu bringen, uns zuzustimmen. Emotionale Botschaften bleiben länger im Gedächtnis und haben eine größere Chance, Veränderungen herbeizuführen.

Es ist wichtig, Emotionen mit Bedacht einzusetzen und sicherzustellen, dass sie authentisch und angemessen sind. Emotionale Manipulation kann das Vertrauen und die Glaubwürdigkeit beeinträchtigen und zu negativen Reaktionen führen. Wenn wir jedoch Emotionen auf eine ehrliche und authentische Weise einsetzen, können wir die Sprachmacht nutzen, um andere zu überzeugen und zu beeinflussen.

# DIE MACHT DER RHETORIK

## DIE GRUNDLAGEN DER RHETORIK

Rhetorik ist die Kunst der überzeugenden Rede. Sie beschäftigt sich mit der richtigen Verwendung von Sprache, um Menschen zu beeinflussen und zu überzeugen. In diesem Kapitel werden die grundlegenden Prinzipien der Rhetorik vorgestellt, die Ihnen helfen werden, Ihre sprachliche Überzeugungskraft zu verbessern.

### DIE BEDEUTUNG DER RHETORIK

Die Rhetorik hat eine lange Geschichte und wurde bereits von den alten Griechen und Römern als wichtige Fähigkeit angesehen. Sie ermöglicht es Ihnen, Ihre Gedanken klar und überzeugend zu kommunizieren und Ihr Publikum zu beeinflussen. Die Bedeutung der Rhetorik liegt darin, dass sie Ihnen hilft, Ihre Botschaft effektiv zu vermitteln und Ihre Zuhörer zu überzeugen.

### DIE DREI SÄULEN DER RHETORIK

Die Rhetorik basiert auf drei grundlegenden Säulen: Ethos, Pathos und Logos. Ethos bezieht sich auf die Glaubwürdigkeit und Autorität des Sprechers. Pathos bezieht sich auf die emotionale Ansprache des Publikums. Logos bezieht sich auf die logische Argumentation und Beweisführung. Um Ihre rhetorische Überzeugungskraft zu stärken, ist es wichtig, alle drei Säulen zu berücksichtigen und sie in Ihrer Rede oder Ihrem Text zu integrieren.

## DIE RICHTIGE VORBEREITUNG

Eine gute rhetorische Rede erfordert eine gründliche Vorbereitung. Sie sollten sich über das Thema, über das Sie sprechen möchten, informieren und Ihre Argumente sorgfältig ausarbeiten. Eine gute Vorbereitung ermöglicht es Ihnen, selbstbewusst und überzeugend aufzutreten und Ihre Zuhörer zu beeindrucken.

## DIE STRUKTUR EINER RHETORISCHEN REDE

Eine rhetorische Rede sollte eine klare Struktur haben, um Ihre Botschaft effektiv zu vermitteln. Sie sollte mit einer starken Einleitung beginnen, die das Interesse des Publikums weckt und die Aufmerksamkeit auf das Thema lenkt. Anschließend sollten Sie Ihre Argumente präsentieren und diese mit überzeugenden Beweisen und Beispielen unterstützen. Schließlich sollten Sie Ihre Rede mit einer starken Schlussfolgerung abschließen, die Ihre wichtigsten Punkte zusammenfasst und das Publikum zum Handeln motiviert.

## DIE RICHTIGE SPRACHE UND WORTWAHL

Die Wahl der richtigen Sprache und Wortwahl ist entscheidend für eine überzeugende rhetorische Rede. Verwenden Sie klare und präzise Worte, um Ihre Botschaft deutlich zu vermitteln. Vermeiden Sie Fachjargon oder komplizierte Ausdrücke, die Ihr Publikum möglicherweise nicht versteht. Passen Sie Ihre Sprache auch an Ihr Publikum an und verwenden Sie geeignete Beispiele und Metaphern, um Ihre Argumente zu veranschaulichen.

## DIE RICHTIGE KÖRPERSPRACHE

Neben der Sprache spielt auch die Körpersprache eine wichtige Rolle in der Rhetorik. Ihre Körperhaltung, Gestik und Mimik können Ihre Botschaft verstärken und Ihre Überzeugungskraft erhöhen. Achten Sie darauf, eine offene und selbstbewusste

Körperhaltung einzunehmen und Blickkontakt mit Ihrem Publikum zu halten. Verwenden Sie auch Gesten, um Ihre Worte zu unterstützen und Ihre Botschaft zu unterstreichen.

## DIE KUNST DES STORYTELLINGS

Eine effektive Methode, um Menschen zu überzeugen, ist die Kunst des Storytellings. Geschichten haben die Kraft, Emotionen zu wecken und das Publikum zu fesseln. Verwenden Sie daher Geschichten und Anekdoten, um Ihre Argumente zu veranschaulichen und Ihre Botschaft zu vermitteln. Eine gut erzählte Geschichte kann Ihre Zuhörer in den Bann ziehen und sie dazu bringen, Ihre Perspektive zu überdenken.

## DIE RHETORISCHE WIRKUNG VON SPRACHSTILMITTELN

Sprachstilmittel wie Metaphern, Vergleiche oder rhetorische Fragen können Ihre rhetorische Überzeugungskraft verstärken. Sie verleihen Ihrer Rede oder Ihrem Text eine gewisse Würze und machen sie interessanter und einprägsamer. Verwenden Sie diese Stilmittel jedoch sparsam und gezielt, um Ihre Botschaft zu unterstützen und nicht zu überladen.

## DIE RHETORISCHE ÜBERZEUGUNGSKRAFT IN VERSCHIEDENEN KONTEXTEN

Die rhetorische Überzeugungskraft kann in verschiedenen Kontexten eingesetzt werden, sei es im Berufsleben, in zwischenmenschlichen Beziehungen, in der Politik oder in der Werbung. Jeder Kontext erfordert jedoch eine angepasste Herangehensweise und die Berücksichtigung der spezifischen Bedürfnisse und Erwartungen des Publikums. In diesem Kapitel werden die verschiedenen Anwendungsbereiche der rhetorischen Überzeugungskraft untersucht und Tipps gegeben, wie Sie Ihre

sprachliche Überzeugungskraft in jedem Kontext verbessern
können.

## DIE WEITERENTWICKLUNG IHRER RHETORISCHEN FÄHIGKEITEN

Die rhetorische Überzeugungskraft ist eine Fähigkeit, die
kontinuierliche Übung und Weiterentwicklung erfordert. In diesem
Kapitel werden verschiedene Möglichkeiten vorgestellt, wie Sie
Ihre rhetorischen Fähigkeiten verbessern können, sei es durch das
Lesen und Studieren von rhetorischen Werken, das Üben vor
einem Publikum oder das Erhalten von konstruktivem Feedback.
Durch kontinuierliches Training und Reflexion können Sie Ihre
sprachliche Überzeugungskraft stetig verbessern und zu einem
überzeugenden Redner werden.

## DIE KUNST DER FREIEN REDE

Die Kunst der freien Rede ist eine Fähigkeit, die in vielen
Bereichen des Lebens von unschätzbarem Wert ist. Ob bei
Präsentationen, Diskussionen oder einfach in alltäglichen
Gesprächen - die Fähigkeit, frei und überzeugend zu sprechen,
kann den Unterschied zwischen Erfolg und Misserfolg ausmachen.
In diesem Kapitel werden wir uns mit den Grundlagen der freien
Rede befassen und Ihnen wertvolle Tipps geben, wie Sie Ihre
Redefähigkeiten verbessern können.

### DIE VORBEREITUNG

Eine gute freie Rede erfordert eine gründliche Vorbereitung. Bevor
Sie vor Publikum sprechen, sollten Sie sich über das Thema
informieren und Ihre Argumente sorgfältig strukturieren.
Überlegen Sie sich, welche Botschaft Sie vermitteln möchten und
wie Sie Ihr Publikum am besten erreichen können. Eine klare und
gut durchdachte Struktur hilft Ihnen dabei, Ihre Rede fließend und
überzeugend zu präsentieren.

## DIE KÖRPERSPRACHE

Bei einer freien Rede ist nicht nur der Inhalt wichtig, sondern auch
Ihre Körpersprache. Ihre Gestik, Mimik und Körperhaltung können
Ihre Worte verstärken und Ihre Botschaft unterstreichen. Achten
Sie darauf, eine offene und selbstbewusste Körperhaltung
einzunehmen und Blickkontakt mit Ihrem Publikum zu halten.
Vermeiden Sie nervöse Gesten wie Händereiben oder Fußwippen
und nutzen Sie Ihre Hände gezielt, um Ihre Worte zu unterstützen.

## DIE STIMME

Die Art und Weise, wie Sie sprechen, hat einen großen Einfluss auf
die Wirkung Ihrer freien Rede. Achten Sie auf eine klare und
deutliche Aussprache und variieren Sie Ihre Stimmlage, um Ihre
Zuhörer zu fesseln. Nutzen Sie Pausen und Betonungen, um
wichtige Punkte hervorzuheben und Ihre Rede lebendig zu
gestalten. Eine gut modulierte Stimme kann Ihre Worte kraftvoller
und überzeugender machen.

## DER AUFBAU

Eine freie Rede sollte einen klaren Aufbau haben, um Ihre Zuhörer
zu führen und Ihre Botschaft effektiv zu vermitteln. Beginnen Sie
mit einer einprägsamen Einleitung, die das Interesse Ihres
Publikums weckt. Stellen Sie dann Ihre Argumente oder Ideen in
einer logischen Reihenfolge vor und schließen Sie mit einer
Zusammenfassung oder einem Appell. Ein gut strukturierter
Aufbau hilft Ihnen dabei, Ihre Rede präzise und überzeugend zu
präsentieren.

## DIE SPRACHE

Die Wahl der richtigen Worte ist entscheidend für eine
überzeugende freie Rede. Verwenden Sie klare und verständliche

Sprache, um Ihre Botschaft zu vermitteln. Vermeiden Sie Fachjargon oder komplizierte Ausdrücke, die Ihr Publikum verwirren könnten. Passen Sie Ihren Sprachstil an Ihre Zuhörer an und verwenden Sie Beispiele oder Metaphern, um komplexe Themen verständlich zu machen. Eine präzise und zugängliche Sprache macht Ihre Rede ansprechend und überzeugend.

## DIE EMOTIONEN

Emotionen spielen eine wichtige Rolle in der freien Rede. Nutzen Sie Ihre Stimme und Ihre Körpersprache, um Emotionen zu vermitteln und Ihr Publikum zu berühren. Zeigen Sie Begeisterung für Ihr Thema und lassen Sie Ihre Leidenschaft durchscheinen. Geschichten oder persönliche Erfahrungen können ebenfalls dazu beitragen, eine emotionale Verbindung zu Ihrem Publikum herzustellen. Emotionen können Ihre Worte kraftvoller machen und Ihre Zuhörer nachhaltig beeinflussen.

## DAS TRAINING

Die Kunst der freien Rede erfordert Übung. Nehmen Sie sich Zeit, um Ihre Redefähigkeiten zu trainieren und vor Publikum zu sprechen. Suchen Sie nach Möglichkeiten, um Ihre Präsentationsfähigkeiten zu verbessern, sei es durch Toastmasters-Clubs, Rhetorikseminare oder das Halten von Vorträgen vor Freunden und Familie. Je öfter Sie vor Publikum sprechen, desto selbstbewusster und überzeugender werden Sie.

## DIE INTERAKTION

Eine freie Rede ist keine Einbahnstraße. Nutzen Sie die Gelegenheit, um mit Ihrem Publikum zu interagieren und eine Verbindung herzustellen. Stellen Sie Fragen, bitten Sie um Feedback oder ermutigen Sie Ihr Publikum, sich aktiv einzubringen. Eine interaktive Rede schafft eine engere Bindung

zu Ihrem Publikum und erhöht die Chancen, dass Ihre Botschaft
ankommt.

## DIE AUTHENTIZITÄT

Eine überzeugende freie Rede kommt aus dem Herzen. Seien Sie
authentisch und sprechen Sie mit Ihrer eigenen Stimme. Versuchen
Sie nicht, jemand anderes zu sein oder eine Rolle zu spielen.
Zeigen Sie Ihre Persönlichkeit und teilen Sie Ihre eigenen
Erfahrungen und Meinungen. Authentizität schafft Vertrauen und
macht Ihre Rede glaubwürdig und überzeugend.

## DIE ÜBUNG MACHT DEN MEISTER

Die Kunst der freien Rede ist eine Fähigkeit, die Zeit und Übung
erfordert. Seien Sie geduldig mit sich selbst und geben Sie nicht
auf, wenn Ihre ersten Versuche nicht perfekt sind. Jedes Mal, wenn
Sie vor Publikum sprechen, lernen Sie dazu und verbessern sich.
Nutzen Sie jede Gelegenheit, um Ihre Redefähigkeiten zu
trainieren und Ihre Sprachmacht weiter zu entwickeln.

Die Kunst der freien Rede ist eine wertvolle Fähigkeit, die Ihnen in
vielen Bereichen des Lebens von Nutzen sein wird. Mit den
richtigen Techniken und viel Übung können Sie Ihre
Redefähigkeiten verbessern und Menschen mit Ihren Worten
überzeugen und beeinflussen. Nutzen Sie die Macht Ihrer Sprache,
um Ihre Ziele zu erreichen und Ihre Botschaft zu verbreiten.

## DIE ANWENDUNG RHETORISCHER STILMITTEL

Rhetorische Stilmittel sind wirkungsvolle Werkzeuge, um die
Überzeugungskraft unserer Sprache zu steigern. Sie dienen dazu,
unsere Botschaften eindringlicher, lebendiger und einprägsamer zu
gestalten. In diesem Kapitel werden wir uns mit den verschiedenen

Arten von rhetorischen Stilmitteln befassen und lernen, wie wir sie effektiv einsetzen können, um unsere Zuhörer zu beeinflussen.

## DIE KRAFT DER METAPHERN

Metaphern sind eine der mächtigsten Formen rhetorischer Stilmittel. Sie ermöglichen es uns, komplexe Ideen und Konzepte auf einfache und anschauliche Weise zu vermitteln. Indem wir eine abstrakte Idee mit etwas Konkretem verbinden, schaffen wir eine starke emotionale Verbindung zu unseren Zuhörern. Zum Beispiel können wir sagen: "Die Welt ist ein Dorf", um die Globalisierung zu beschreiben und die Vorstellung von Verbundenheit und Nähe zu erzeugen.

Bei der Verwendung von Metaphern ist es wichtig, dass sie für unsere Zuhörer verständlich und nachvollziehbar sind. Wir sollten uns bemühen, Metaphern zu wählen, die in ihrer Kultur und ihrem Erfahrungshorizont verankert sind, um eine maximale Wirkung zu erzielen.

## DIE KRAFT DER WIEDERHOLUNG

Wiederholung ist ein einfaches, aber äußerst effektives rhetorisches Stilmittel. Indem wir bestimmte Worte, Phrasen oder Ideen wiederholt verwenden, verstärken wir ihre Bedeutung und Präsenz im Bewusstsein unserer Zuhörer. Wiederholung kann dazu beitragen, dass unsere Botschaften besser verstanden und erinnert werden.

Es gibt verschiedene Arten der Wiederholung, die wir nutzen können. Eine Möglichkeit ist die Anapher, bei der wir am Anfang aufeinanderfolgender Sätze oder Satzteile das gleiche Wort oder die gleiche Phrase wiederholen. Zum Beispiel: "Ich will, dass du erfolgreich bist. Ich will, dass du glücklich bist. Ich will, dass du deine Träume verwirklichst." Diese Art der Wiederholung erzeugt einen rhythmischen Effekt und verstärkt die emotionale Wirkung unserer Worte.

Eine andere Form der Wiederholung ist die Epipher, bei der wir am Ende aufeinanderfolgender Sätze oder Satzteile das gleiche Wort oder die gleiche Phrase wiederholen. Zum Beispiel: "Die Liebe ist stark. Die Liebe ist geduldig. Die Liebe ist unendlich." Diese Art der Wiederholung betont die Bedeutung des wiederholten Elements und verstärkt die Überzeugungskraft unserer Aussagen.

## DIE KRAFT DER RHETORISCHEN FRAGEN

Rhetorische Fragen sind Fragen, auf die keine direkte Antwort erwartet wird. Sie dienen dazu, die Aufmerksamkeit unserer Zuhörer zu wecken, sie zum Nachdenken anzuregen und sie dazu zu bringen, sich mit unseren Aussagen auseinanderzusetzen. Rhetorische Fragen können eine starke emotionale Reaktion hervorrufen und die Überzeugungskraft unserer Botschaften erhöhen.

Bei der Verwendung rhetorischer Fragen ist es wichtig, dass sie gut platziert und angemessen sind. Sie sollten dazu dienen, unsere Argumente zu unterstützen und unsere Zuhörer zum Nachdenken anzuregen, anstatt sie zu verwirren oder abzulenken. Rhetorische Fragen können auch dazu dienen, eine Verbindung zu unseren Zuhörern herzustellen, indem sie ihre Gedanken und Gefühle ansprechen.

## DIE KRAFT DER ÜBERTREIBUNG

Übertreibung ist ein rhetorisches Stilmittel, das dazu dient, eine Aussage zu verstärken oder zu dramatisieren. Indem wir bestimmte Aspekte oder Eigenschaften überbetonen, erzeugen wir eine starke emotionale Reaktion und steigern die Aufmerksamkeit unserer Zuhörer. Zum Beispiel können wir sagen: "Das war der längste Tag meines Lebens", um die Intensität einer Erfahrung zu betonen.

Bei der Verwendung von Übertreibungen ist es wichtig, dass wir sie mit Bedacht einsetzen. Zu viel Übertreibung kann unsere Glaubwürdigkeit beeinträchtigen und unsere Botschaften unglaubwürdig machen. Es ist wichtig, dass unsere Übertreibungen im Einklang mit der Realität bleiben und nicht übertrieben oder unrealistisch wirken.

Die Anwendung rhetorischer Stilmittel erfordert Übung und Feingefühl. Indem wir uns mit den verschiedenen Arten von rhetorischen Stilmitteln vertraut machen und lernen, sie effektiv einzusetzen, können wir unsere Überzeugungskraft steigern und unsere Zuhörer nachhaltig beeinflussen.

# DIE ÜBERZEUGUNGSKRAFT VON GESCHICHTEN

Geschichten haben seit jeher eine besondere Faszination auf Menschen ausgeübt. Sie haben die Kraft, uns zu berühren, zu inspirieren und zu bewegen. Doch Geschichten können nicht nur unterhalten, sondern auch überzeugen. In diesem Kapitel werden wir uns mit der Überzeugungskraft von Geschichten auseinandersetzen und lernen, wie wir sie gezielt einsetzen können, um unsere Botschaften effektiv zu vermitteln.

## DIE EMOTIONALE VERBINDUNG HERSTELLEN

Eine der größten Stärken von Geschichten liegt darin, dass sie eine emotionale Verbindung zu den Zuhörern herstellen können. Indem wir eine Geschichte erzählen, schaffen wir eine gemeinsame Erfahrung, die es den Menschen ermöglicht, sich mit uns und unserer Botschaft zu identifizieren. Emotionen spielen eine entscheidende Rolle in der Überzeugungskraft, denn sie beeinflussen unsere Wahrnehmung und unser Denken. Indem wir Geschichten erzählen, können wir Emotionen wecken und somit die Überzeugungskraft unserer Botschaft verstärken.

## DIE MACHT DER NARRATION

Die Kunst des Geschichtenerzählens, auch Narration genannt, ist eine wichtige Fähigkeit, um Menschen zu überzeugen. Eine gute Geschichte hat einen klaren Aufbau, eine spannende Handlung und interessante Charaktere. Sie zieht die Zuhörer in ihren Bann und hält ihre Aufmerksamkeit. Indem wir unsere Botschaft in Form einer Geschichte verpacken, machen wir sie für die Zuhörer zugänglicher und leichter verständlich. Geschichten haben die Fähigkeit, komplexe Themen zu vereinfachen und abstrakte Konzepte greifbar zu machen.

## DIE KRAFT DER METAPHERN UND SYMBOLE

Metaphern und Symbole sind mächtige Werkzeuge, um Geschichten zu verstärken und ihre Überzeugungskraft zu erhöhen. Indem wir abstrakte Konzepte in bildhafte Sprache übersetzen, machen wir sie für die Zuhörer greifbarer und leichter verständlich. Metaphern und Symbole können komplexe Ideen auf einfache und anschauliche Weise vermitteln. Sie helfen den Zuhörern, sich mit der Geschichte zu identifizieren und eine persönliche Verbindung zu ihr aufzubauen.

## DIE AUTHENTIZITÄT DER GESCHICHTE

Eine Geschichte kann nur dann überzeugend sein, wenn sie authentisch ist. Menschen haben ein feines Gespür für Echtheit und erkennen schnell, ob eine Geschichte glaubwürdig ist oder nicht. Es ist wichtig, dass wir als Erzähler unsere Geschichten aus eigenen Erfahrungen schöpfen und sie mit persönlichen Details und Emotionen füllen. Authentische Geschichten berühren die Zuhörer auf einer tieferen Ebene und schaffen Vertrauen.

## DIE STRUKTUR EINER ÜBERZEUGENDEN GESCHICHTE

Eine überzeugende Geschichte folgt einer klaren Struktur. Sie hat einen Anfang, in dem die Hauptfigur und das Problem vorgestellt werden. Dann kommt der Höhepunkt, in dem die Hauptfigur mit Hindernissen konfrontiert wird und eine Lösung finden muss. Schließlich gibt es ein Ende, in dem das Problem gelöst wird und die Hauptfigur eine Veränderung durchgemacht hat. Indem wir unsere Geschichten nach dieser Struktur aufbauen, machen wir sie für die Zuhörer leichter nachvollziehbar und überzeugender.

## DIE KRAFT DER BEISPIELE

Beispiele sind ein wichtiger Bestandteil einer überzeugenden Geschichte. Sie veranschaulichen unsere Botschaft und machen sie greifbarer. Indem wir konkrete Beispiele verwenden, können wir abstrakte Konzepte verständlicher machen und den Zuhörern helfen, sich besser in die Geschichte hineinzuversetzen. Beispiele können auch dazu dienen, unsere Glaubwürdigkeit zu stärken, indem sie zeigen, dass unsere Botschaft in der Realität Anwendung findet.

## DIE KUNST DES STORYTELLINGS

Das Erzählen einer Geschichte erfordert eine gewisse Kunstfertigkeit. Es geht darum, die richtigen Worte zu finden, den richtigen Tonfall zu treffen und die richtigen Pausen zu setzen. Ein guter Geschichtenerzähler kann die Zuhörer in seinen Bann ziehen und ihre Aufmerksamkeit halten. Es ist wichtig, dass wir als Erzähler unsere Geschichte mit Leidenschaft und Überzeugung erzählen, denn nur so können wir die Zuhörer wirklich begeistern und überzeugen.

## DIE VIELSEITIGKEIT VON GESCHICHTEN

Geschichten können in den verschiedensten Situationen eingesetzt werden, um Menschen zu überzeugen. Sie können in Präsentationen, Verkaufsgesprächen, Meetings oder auch im persönlichen Gespräch verwendet werden. Geschichten haben die Fähigkeit, komplexe Informationen verständlich zu machen und die Aufmerksamkeit der Zuhörer zu gewinnen. Indem wir Geschichten gezielt einsetzen, können wir unsere Botschaften effektiver vermitteln und die Überzeugungskraft unserer Worte steigern.

## DIE WIRKUNG VON GESCHICHTEN AUF DAS GEDÄCHTNIS

Geschichten haben nicht nur die Kraft, Menschen zu überzeugen, sondern auch ihr Gedächtnis zu beeinflussen. Studien haben gezeigt, dass wir uns Geschichten besser merken können als abstrakte Informationen. Indem wir unsere Botschaften in Form von Geschichten präsentieren, erhöhen wir die Wahrscheinlichkeit, dass sie im Gedächtnis der Zuhörer haften bleiben. Geschichten schaffen Verbindungen zwischen den Informationen und machen sie leichter abrufbar.

## DIE VERBINDUNG VON GESCHICHTEN UND WERTEN

Geschichten können auch dazu dienen, Werte zu vermitteln und Menschen zu inspirieren. Indem wir Geschichten erzählen, die auf bestimmten Werten basieren, können wir die Zuhörer dazu motivieren, diese Werte zu übernehmen und in ihrem eigenen Leben umzusetzen. Geschichten haben die Fähigkeit, Menschen zu bewegen und positive Veränderungen anzustoßen. Indem wir Geschichten mit starken moralischen Botschaften erzählen, können wir die Überzeugungskraft unserer Worte weiter verstärken.

Die Überzeugungskraft von Geschichten ist eine wertvolle Fähigkeit, die jeder erlernen kann. Indem wir Geschichten gezielt einsetzen, können wir Menschen auf einer emotionalen Ebene ansprechen und ihre Überzeugungskraft steigern. Geschichten haben die Kraft, Menschen zu bewegen, zu inspirieren und zu verändern. Nutzen Sie diese Macht, um Ihre Botschaften effektiv zu vermitteln und andere zu überzeugen.

# DIE RICHTIGE WORTWAHL

## DIE BEDEUTUNG VON POSITIVER SPRACHE

Die Wahl der richtigen Worte ist von entscheidender Bedeutung, wenn es darum geht, andere Menschen zu überzeugen und zu beeinflussen. Positive Sprache spielt dabei eine zentrale Rolle. Sie hat die Kraft, Menschen zu motivieren, ihr Denken zu verändern und ihr Verhalten zu beeinflussen. In diesem Abschnitt werden wir uns genauer mit der Bedeutung von positiver Sprache auseinandersetzen und wie sie in verschiedenen Situationen angewendet werden kann.

### DIE MACHT DER POSITIVEN WORTE

Positive Worte haben eine starke emotionale Wirkung auf unser Gehirn. Sie können uns motivieren, uns besser zu fühlen, unsere Ziele zu erreichen und unsere Leistung zu steigern. Indem wir positive Worte verwenden, können wir das Vertrauen und die Zustimmung anderer gewinnen. Positive Sprache schafft eine angenehme Atmosphäre und fördert eine offene Kommunikation.

### DIE AUSWIRKUNGEN VON POSITIVER SPRACHE

Die Verwendung von positiver Sprache hat viele positive Auswirkungen auf unsere zwischenmenschlichen Beziehungen. Sie stärkt das Selbstwertgefühl und das Vertrauen in uns selbst und andere. Durch positive Sprache können wir Konflikte entschärfen, Missverständnisse vermeiden und eine harmonische Atmosphäre schaffen. Sie fördert auch die Zusammenarbeit und das Teamwork, da sie andere ermutigt, ihr Bestes zu geben und ihr volles Potenzial auszuschöpfen.

## DIE ANWENDUNG VON POSITIVER SPRACHE

Um positive Sprache effektiv einzusetzen, ist es wichtig, bewusst auf die Worte zu achten, die wir wählen. Hier sind einige Tipps, wie Sie positive Sprache in verschiedenen Situationen anwenden können:

### Im beruflichen Umfeld

Im beruflichen Umfeld ist positive Sprache besonders wichtig, um Mitarbeiter zu motivieren und zu ermutigen. Verwenden Sie Worte wie "wir können", "ich glaube an dich" und "du bist wertvoll". Loben Sie die Leistungen anderer und geben Sie konstruktives Feedback. Vermeiden Sie negative Ausdrücke wie "das geht nicht" oder "du hast einen Fehler gemacht". Stattdessen können Sie sagen: "Lass uns eine Lösung finden" oder "du hast eine gute Arbeit geleistet, aber hier ist noch Raum für Verbesserungen".

### In zwischenmenschlichen Beziehungen

Positive Sprache ist auch in zwischenmenschlichen Beziehungen von großer Bedeutung. Verwenden Sie liebevolle und unterstützende Worte, um Ihre Liebe und Wertschätzung auszudrücken. Sagen Sie Ihrem Partner, wie sehr Sie ihn lieben und schätzen. Vermeiden Sie negative Kritik und stattdessen konstruktives Feedback. Zeigen Sie Interesse an den Gefühlen und Bedürfnissen anderer und drücken Sie Ihre Unterstützung aus.

### In der Erziehung

Positive Sprache spielt auch eine wichtige Rolle in der Erziehung. Verwenden Sie ermutigende Worte, um das Selbstvertrauen und die Motivation Ihrer Kinder zu stärken. Loben Sie ihre Leistungen und ermutigen Sie sie, ihr Bestes zu geben. Vermeiden Sie negative Kritik und stattdessen konstruktives Feedback. Zeigen Sie

Verständnis für ihre Gefühle und Bedürfnisse und drücken Sie Ihre Liebe und Unterstützung aus.

## In der Öffentlichkeit

In der Öffentlichkeit ist positive Sprache ein mächtiges Werkzeug, um andere zu beeinflussen und zu überzeugen. Verwenden Sie inspirierende und motivierende Worte, um Menschen zu begeistern und zu mobilisieren. Vermeiden Sie negative Ausdrücke und stattdessen konstruktives Feedback. Zeigen Sie Verständnis für die Bedürfnisse und Anliegen anderer und drücken Sie Ihre Unterstützung aus.

## DIE KRAFT DER POSITIVEN SPRACHE IN DER WERBUNG

In der Werbung spielt positive Sprache eine entscheidende Rolle, um potenzielle Kunden anzusprechen und zum Kauf zu motivieren. Verwenden Sie Worte wie "glücklich", "erfolgreich", "attraktiv" und "exklusiv", um positive Emotionen und Assoziationen zu wecken. Betonen Sie die Vorteile und den Nutzen des beworbenen Produkts oder der Dienstleistung. Vermeiden Sie negative Ausdrücke und stattdessen positive Verstärkung.

Die Bedeutung von positiver Sprache kann nicht unterschätzt werden. Sie hat die Kraft, Menschen zu motivieren, ihr Denken zu verändern und ihr Verhalten zu beeinflussen. Indem wir bewusst positive Sprache verwenden, können wir andere Menschen überzeugen und beeinflussen, um gemeinsam positive Veränderungen herbeizuführen.

## DIE VERMEIDUNG VON NEGATIVER SPRACHE

Negative Sprache kann eine starke Wirkung auf unsere Kommunikation haben. Sie kann Missverständnisse hervorrufen, Konflikte verstärken und das Vertrauen zwischen den

Gesprächspartnern beeinträchtigen. In diesem Kapitel werden wir uns damit beschäftigen, wie wir negative Sprache vermeiden können, um eine positive und konstruktive Kommunikation zu fördern.

Negative Sprache beinhaltet oft Wörter oder Ausdrücke, die Kritik, Vorwürfe oder Abwertung enthalten. Sie kann dazu führen, dass sich der Gesprächspartner angegriffen oder verletzt fühlt und sich defensiv verhält. Um dies zu vermeiden, ist es wichtig, bewusst auf unsere Wortwahl zu achten und alternative Formulierungen zu finden, die eine positive Atmosphäre schaffen.

Ein erster Schritt, um negative Sprache zu vermeiden, ist es, sich bewusst zu machen, wie wir unsere Gedanken und Gefühle ausdrücken. Statt uns auf das Negative zu konzentrieren, sollten wir versuchen, positive Aspekte zu betonen. Anstatt zu sagen "Das ist falsch", könnten wir sagen "Ich sehe das anders" oder "Ich habe eine andere Perspektive". Durch diese Formulierungen zeigen wir Respekt für die Meinung des anderen und eröffnen die Möglichkeit für einen konstruktiven Dialog.

Ein weiterer wichtiger Aspekt ist es, auf unsere Tonlage und Körpersprache zu achten. Selbst wenn wir positive Worte verwenden, können ein aggressiver Tonfall oder eine abweisende Körperhaltung negative Signale senden. Indem wir bewusst an unserer nonverbalen Kommunikation arbeiten, können wir sicherstellen, dass unsere Worte mit unserer Körpersprache übereinstimmen und eine positive Botschaft vermitteln.

Negative Sprache kann auch vermieden werden, indem wir uns auf Lösungen und Möglichkeiten konzentrieren, anstatt uns auf Probleme zu fokussieren. Anstatt zu sagen "Das wird nie funktionieren", könnten wir sagen "Lassen Sie uns nach einer Lösung suchen" oder "Wie könnten wir das verbessern?". Durch diese positive Herangehensweise ermutigen wir andere, kreativ zu denken und gemeinsam nach Lösungen zu suchen.

Es ist auch wichtig, auf unsere Wortwahl zu achten, um negative Sprache zu vermeiden. Vermeiden Sie abwertende oder beleidigende Ausdrücke und verwenden Sie stattdessen respektvolle und wertschätzende Worte. Statt jemanden als "faul" zu bezeichnen, könnten wir sagen, dass er "eine andere Arbeitsweise hat" oder "einen anderen Ansatz verfolgt". Durch diese respektvolle Sprache schaffen wir eine positive und unterstützende Atmosphäre.

Ein weiterer Ansatz, um negative Sprache zu vermeiden, ist es, sich auf die Lösung von Problemen zu konzentrieren, anstatt Schuldzuweisungen vorzunehmen. Anstatt zu sagen "Du hast das vermasselt", könnten wir sagen "Lassen Sie uns gemeinsam eine Lösung finden" oder "Wie können wir das Problem lösen?". Durch diese konstruktive Herangehensweise fördern wir eine positive Zusammenarbeit und vermeiden unnötige Konflikte.

Es ist auch wichtig, sich bewusst zu machen, wie unsere Worte auf andere wirken können. Manchmal können scheinbar harmlose Bemerkungen negative Auswirkungen haben. Indem wir uns in die Lage des anderen versetzen und unsere Worte sorgfältig wählen, können wir sicherstellen, dass wir keine ungewollten negativen Reaktionen hervorrufen.

In der Kommunikation ist es oft hilfreich, sich auf das Positive zu konzentrieren und negative Aspekte zu vermeiden. Indem wir bewusst auf unsere Wortwahl, Tonlage und Körpersprache achten, können wir eine positive und konstruktive Kommunikation fördern. Durch die Vermeidung von negativer Sprache schaffen wir eine Atmosphäre des Vertrauens und der Offenheit, in der wir andere überzeugen und beeinflussen können.

## DIE KRAFT DER WORTE IN DER WERBUNG

Die Werbung ist eine der mächtigsten Formen der Kommunikation, die uns täglich umgibt. Sie ist allgegenwärtig und beeinflusst unser Denken, unsere Entscheidungen und unser Verhalten. Die richtige Wortwahl spielt dabei eine entscheidende Rolle, um die Aufmerksamkeit der Zielgruppe zu gewinnen und sie von einem Produkt oder einer Dienstleistung zu überzeugen.

## DIE BEDEUTUNG VON EMOTIONALEN WORTEN

In der Werbung geht es darum, eine emotionale Verbindung zum potenziellen Kunden herzustellen. Emotionen sind ein mächtiges Werkzeug, um Menschen zu beeinflussen und ihre Entscheidungen zu lenken. Durch die Verwendung von positiven und ansprechenden Worten kann die Werbung positive Emotionen hervorrufen und das Interesse des Kunden wecken.

Ein Beispiel dafür ist die Verwendung von Adjektiven wie "exklusiv", "luxuriös" oder "innovativ", um ein Produkt oder eine Dienstleistung attraktiver erscheinen zu lassen. Diese Worte erzeugen ein Gefühl von Wertigkeit und Exklusivität, das den Kunden dazu verleitet, das beworbene Produkt oder die Dienstleistung zu kaufen.

## DIE MACHT DER SUGGESTION

Die Werbung nutzt auch die Macht der Suggestion, um das Verhalten der Menschen zu beeinflussen. Durch die Verwendung bestimmter Worte und Sätze kann die Werbung den Kunden dazu bringen, bestimmte Handlungen auszuführen oder bestimmte Produkte zu kaufen.

Ein Beispiel dafür ist die Verwendung von Imperativen wie "Probieren Sie jetzt!" oder "Kaufen Sie noch heute!". Diese Sätze erzeugen einen Handlungsdruck und motivieren den Kunden dazu, sofort zu handeln. Die Werbung kann auch suggestive Fragen stellen, wie zum Beispiel "Wollen Sie nicht auch endlich glücklich sein?" oder "Haben Sie genug von langweiligen Produkten?". Diese Fragen regen den Kunden zum Nachdenken an und erzeugen den Wunsch nach Veränderung.

## DIE BEDEUTUNG VON STORYTELLING

Eine weitere effektive Methode, um Menschen durch die richtige
Wortwahl zu überzeugen, ist das Storytelling. Geschichten haben
die Kraft, Emotionen zu wecken und eine Verbindung zum
Kunden herzustellen. Durch die Erzählung einer Geschichte kann
die Werbung das Interesse des Kunden wecken und ihn in den
Bann ziehen.

Ein gutes Beispiel dafür ist die Verwendung von Testimonials, in
denen Kunden ihre persönlichen Erfahrungen mit einem Produkt
oder einer Dienstleistung teilen. Diese Geschichten erzeugen
Vertrauen und Glaubwürdigkeit und motivieren den Kunden dazu,
das beworbene Produkt oder die Dienstleistung auszuprobieren.

## DIE BEDEUTUNG VON WIEDERHOLUNG

Die Werbung nutzt auch die Kraft der Wiederholung, um die
Botschaft im Gedächtnis des Kunden zu verankern. Durch die
wiederholte Verwendung bestimmter Worte oder Slogans kann die
Werbung eine starke Assoziation zwischen dem Produkt und der
Botschaft herstellen.

Ein bekanntes Beispiel dafür ist der Slogan "Just do it" von Nike.
Durch die ständige Wiederholung dieses Slogans hat Nike es
geschafft, eine starke Verbindung zwischen dem Slogan und der
Marke herzustellen. Wenn Menschen den Slogan hören, denken sie
automatisch an Nike und die damit verbundenen Werte wie
Motivation und Durchhaltevermögen.

Die richtige Wortwahl in der Werbung ist von entscheidender
Bedeutung, um die Aufmerksamkeit der Zielgruppe zu gewinnen
und sie von einem Produkt oder einer Dienstleistung zu
überzeugen. Durch die Verwendung von emotionalen Worten, der
Macht der Suggestion, dem Einsatz von Storytelling und der Kraft
der Wiederholung kann die Werbung eine starke Wirkung erzielen

und das Verhalten der Menschen beeinflussen. Es ist wichtig, sich bewusst zu sein, wie Worte wirken und welche Botschaften sie transportieren, um die Sprachmacht in der Werbung effektiv einzusetzen.

# DIE BEDEUTUNG VON PRÄZISER SPRACHE

Präzise Sprache ist ein mächtiges Werkzeug, um Menschen zu überzeugen und zu beeinflussen. Durch die Wahl der richtigen Worte und die klare Kommunikation können Sie Ihre Botschaft effektiv vermitteln und das Verständnis und die Zustimmung Ihrer Zuhörer gewinnen. In diesem Kapitel werden wir die Bedeutung von präziser Sprache untersuchen und Ihnen wertvolle Tipps geben, wie Sie Ihre Kommunikation verbessern können.

## DIE KRAFT DER KLARHEIT

Präzise Sprache zeichnet sich durch Klarheit und Genauigkeit aus. Indem Sie Ihre Gedanken und Ideen klar und deutlich ausdrücken, vermeiden Sie Missverständnisse und stellen sicher, dass Ihre Botschaft verstanden wird. Verwenden Sie klare und prägnante Worte, um Ihre Aussagen zu unterstützen und Ihre Argumente zu stärken. Vermeiden Sie es, um den heißen Brei herumzureden und halten Sie sich an das Wesentliche.

## DIE BEDEUTUNG VON FACHBEGRIFFEN

In vielen Bereichen gibt es spezifische Fachbegriffe, die eine präzise Kommunikation ermöglichen. Wenn Sie in einem bestimmten Fachgebiet überzeugen möchten, ist es wichtig, die entsprechenden Fachbegriffe zu kennen und richtig einzusetzen. Dies zeigt nicht nur Ihr Fachwissen, sondern ermöglicht es Ihnen auch, Ihre Argumente präzise und überzeugend darzulegen. Achten Sie jedoch darauf, Fachbegriffe nur dann zu verwenden, wenn Sie sicher sind, dass Ihr Publikum sie versteht.

## DIE MACHT DER BEISPIELE

Präzise Sprache kann durch die Verwendung von konkreten Beispielen verstärkt werden. Indem Sie Ihre Aussagen mit anschaulichen Beispielen untermauern, machen Sie Ihre Argumente greifbar und leichter verständlich. Menschen können sich besser mit konkreten Situationen identifizieren und sind eher bereit, Ihren Standpunkt zu akzeptieren, wenn sie sehen, wie er in der Praxis funktioniert. Wählen Sie Beispiele, die relevant und leicht nachvollziehbar sind, um Ihre Botschaft zu unterstützen.

## DIE KUNST DER PRÄZISION

Präzise Sprache erfordert auch die Fähigkeit, Ihre Aussagen auf den Punkt zu bringen. Vermeiden Sie es, um den heißen Brei herumzureden oder sich in unwichtigen Details zu verlieren. Konzentrieren Sie sich auf das Wesentliche und formulieren Sie Ihre Sätze prägnant und klar. Vermeiden Sie überflüssige Füllwörter und verwenden Sie stattdessen starke Verben und präzise Adjektive, um Ihre Aussagen zu verstärken.

## DIE BEDEUTUNG VON KONTEXT

Präzise Sprache erfordert auch ein Verständnis des Kontextes, in dem Sie kommunizieren. Berücksichtigen Sie die Bedürfnisse und Erwartungen Ihrer Zuhörer und passen Sie Ihre Sprache entsprechend an. Vermeiden Sie Fachjargon, wenn Sie mit Laien sprechen, und passen Sie Ihren Sprachstil an die jeweilige Situation an. Indem Sie sich auf die Bedürfnisse Ihres Publikums einstellen, können Sie Ihre Botschaft effektiver vermitteln und die gewünschte Wirkung erzielen.

## DIE VERMEIDUNG VON MEHRDEUTIGKEIT

Präzise Sprache erfordert auch die Vermeidung von
Mehrdeutigkeit. Achten Sie darauf, dass Ihre Aussagen eindeutig
und klar verständlich sind. Vermeiden Sie Doppeldeutigkeiten und
stellen Sie sicher, dass Ihre Zuhörer Ihre Botschaft richtig
interpretieren können. Klären Sie Missverständnisse sofort und
geben Sie Ihren Zuhörern die Möglichkeit, Fragen zu stellen, um
sicherzustellen, dass Ihre Botschaft klar verstanden wird.

### DIE KRAFT DER WORTE

Die Wahl der richtigen Worte ist entscheidend, um Menschen zu
überzeugen und zu beeinflussen. Verwenden Sie positive und
kraftvolle Worte, um Ihre Botschaft zu verstärken und Emotionen
zu wecken. Wählen Sie Worte, die Bilder im Kopf Ihrer Zuhörer
erzeugen und sie dazu bringen, sich mit Ihrer Botschaft zu
identifizieren. Vermeiden Sie hingegen negative und abwertende
Worte, die Ihre Botschaft schwächen und Widerstand hervorrufen
könnten.

### DIE BEDEUTUNG VON FEEDBACK

Präzise Sprache erfordert auch die Fähigkeit, Feedback zu geben
und anzunehmen. Seien Sie offen für konstruktive Kritik und
nutzen Sie sie, um Ihre Kommunikation zu verbessern. Bitten Sie
um Feedback von anderen und hören Sie aufmerksam zu, um zu
verstehen, wie Ihre Botschaft ankommt. Nehmen Sie Feedback
ernst und nutzen Sie es, um Ihre Sprache und
Kommunikationsfähigkeiten weiterzuentwickeln.

### DIE PRAXIS MACHT DEN MEISTER

Präzise Sprache ist eine Fähigkeit, die durch Übung und praktische
Anwendung entwickelt wird. Nehmen Sie sich Zeit, um Ihre
Kommunikation zu reflektieren und zu verbessern. Üben Sie das

Formulieren präziser Aussagen und die Verwendung von klaren und kraftvollen Worten. Beobachten Sie die Reaktionen Ihrer Zuhörer und passen Sie Ihre Sprache entsprechend an. Je mehr Sie Ihre Fähigkeiten in präziser Sprache entwickeln, desto überzeugender werden Sie in Ihrer Kommunikation.

## FAZIT

Präzise Sprache ist ein wesentlicher Bestandteil der Sprachmacht. Durch die Wahl der richtigen Worte, die klare Kommunikation und die Vermeidung von Mehrdeutigkeit können Sie Menschen effektiv überzeugen und beeinflussen. Nutzen Sie die Kraft der präzisen Sprache, um Ihre Botschaften klar und verständlich zu vermitteln und Ihre Ziele zu erreichen. Mit Übung und Bewusstsein für die Bedeutung von präziser Sprache können Sie Ihre Kommunikationsfähigkeiten weiterentwickeln und Ihre Überzeugungskraft stärken.

# DIE KUNST DES FRAMINGS

## DIE GRUNDLAGEN DES FRAMINGS

Framing ist eine mächtige Technik, um Menschen zu beeinflussen und ihre Wahrnehmung von Informationen zu lenken. Es geht darum, wie wir Botschaften präsentieren, um bestimmte Assoziationen, Emotionen und Reaktionen bei unserem Publikum hervorzurufen. In diesem Kapitel werden wir die Grundlagen des Framings untersuchen und wie es in verschiedenen Kontexten angewendet werden kann.

### WAS IST FRAMING?

Framing bezieht sich auf die Art und Weise, wie Informationen präsentiert werden, um eine bestimmte Perspektive oder Interpretation zu fördern. Es geht darum, den Fokus auf bestimmte Aspekte einer Botschaft zu lenken und andere Aspekte zu vernachlässigen oder zu minimieren. Durch geschicktes Framing können wir die Wahrnehmung und Interpretation von Informationen beeinflussen und somit die Überzeugungskraft unserer Botschaft erhöhen.

### DIE VERSCHIEDENEN ARTEN DES FRAMINGS

Es gibt verschiedene Arten des Framings, die wir nutzen können, um unsere Botschaften zu verstärken und Menschen zu überzeugen. Hier sind einige der gängigsten Framing-Techniken:

1. **Verlust- vs. Gewinn-Framing**: Diese Technik bezieht sich darauf, ob wir den Fokus auf mögliche Verluste oder Gewinne legen. Menschen sind oft motivierter, Verluste zu vermeiden als Gewinne zu erzielen. Indem wir den Fokus

auf mögliche Verluste lenken, können wir Menschen dazu bringen, bestimmte Handlungen zu ergreifen.

2. **Positives vs. negatives Framing**: Hier geht es darum, ob wir eine Botschaft positiv oder negativ formulieren. Positive Framing-Techniken betonen die Vorteile und positiven Aspekte einer Handlung oder Entscheidung, während negative Framing-Techniken auf die möglichen Nachteile oder negativen Konsequenzen hinweisen.

3. **Framing durch Vergleiche**: Durch den Vergleich mit anderen Personen, Situationen oder Standards können wir die Wahrnehmung unserer Botschaft beeinflussen. Wenn wir beispielsweise eine Handlung als besser im Vergleich zu einer anderen darstellen, erhöhen wir die Wahrscheinlichkeit, dass Menschen diese Handlung unterstützen.

4. **Framing durch Metaphern**: Metaphern sind eine kraftvolle Form des Framings, da sie komplexe Konzepte vereinfachen und emotionale Reaktionen hervorrufen können. Indem wir eine Botschaft mit einer Metapher verknüpfen, können wir die Wahrnehmung und Interpretation der Botschaft beeinflussen.

## DIE ANWENDUNG VON FRAMING-TECHNIKEN

Um Framing-Techniken effektiv anzuwenden, ist es wichtig, die Zielgruppe und den Kontext zu berücksichtigen. Hier sind einige Tipps, wie Sie Framing-Techniken in Ihrer Kommunikation nutzen können:

1. **Kennen Sie Ihre Zielgruppe**: Um effektiv zu framen, müssen Sie Ihre Zielgruppe verstehen. Welche Werte, Überzeugungen und Bedürfnisse haben sie? Indem Sie Ihre Botschaft an die spezifischen Interessen und Motivationen Ihrer Zielgruppe anpassen, erhöhen Sie die Wahrscheinlichkeit, dass sie Ihre Botschaft akzeptieren.

2. **Wählen Sie die richtige Framing-Technik**: Je nach Ziel und Kontext Ihrer Botschaft können verschiedene Framing-Techniken wirksam sein. Überlegen Sie, welche Art von Framing am besten geeignet ist, um Ihre Botschaft zu verstärken und die gewünschte Reaktion zu erzielen.
3. **Verwenden Sie emotionale Sprache**: Emotionen spielen eine wichtige Rolle beim Framing. Verwenden Sie emotionale Sprache, um eine Verbindung zu Ihrer Zielgruppe herzustellen und ihre Aufmerksamkeit zu gewinnen. Emotionale Worte und Geschichten können die Wirkung Ihrer Botschaft verstärken.
4. **Seien Sie konsistent**: Konsistenz ist entscheidend, um Framing-Techniken effektiv einzusetzen. Stellen Sie sicher, dass Ihre Botschaften und Frames kohärent sind und sich nicht widersprechen. Konsistenz schafft Vertrauen und Glaubwürdigkeit.

## DIE WIRKUNG VON FRAMING IN DER POLITIK

Framing spielt eine entscheidende Rolle in der politischen Kommunikation. Politiker nutzen Framing-Techniken, um ihre Botschaften zu verstärken und die öffentliche Meinung zu beeinflussen. Durch geschicktes Framing können politische Akteure die Wahrnehmung von Themen und Problemen steuern und ihre politische Agenda vorantreiben.

Ein Beispiel für politisches Framing ist die Verwendung von Begriffen wie "Steuererleichterungen" anstelle von "Steuersenkungen". Durch die Verwendung des Begriffs "Erleichterungen" wird der Fokus auf die positiven Auswirkungen für die Bürger gelegt, während der Begriff "Senkungen" möglicherweise negative Assoziationen hervorrufen könnte.

Politiker nutzen auch Framing, um ihre Gegner zu diskreditieren oder ihre eigenen Positionen zu stärken. Indem sie bestimmte Begriffe oder Metaphern verwenden, können sie die Wahrnehmung von Personen oder politischen Ideen beeinflussen.

## DIE ETHISCHEN ASPEKTE DES FRAMINGS

Obwohl Framing eine mächtige Technik ist, um Menschen zu beeinflussen, gibt es auch ethische Überlegungen, die berücksichtigt werden müssen. Framing kann manipulativ sein und die Wahrnehmung von Informationen verzerren. Es ist wichtig, dass wir Framing-Techniken verantwortungsbewusst einsetzen und die Integrität unserer Botschaften bewahren.

Als Sprecher haben wir die Verantwortung, unsere Botschaften klar und transparent zu kommunizieren. Wir sollten keine Täuschung oder Manipulation einsetzen, um Menschen zu beeinflussen. Stattdessen sollten wir ehrlich und respektvoll kommunizieren und sicherstellen, dass unsere Frames auf wahren Informationen basieren.

Framing kann eine effektive Technik sein, um Menschen zu überzeugen und zu beeinflussen. Indem wir die Grundlagen des Framings verstehen und ethisch verantwortungsbewusst handeln, können wir unsere Sprachmacht nutzen, um positive Veränderungen herbeizuführen und Menschen zu inspirieren.

## DIE ANWENDUNG VON FRAMING-TECHNIKEN

Framing ist eine mächtige Technik, um die Wahrnehmung und Interpretation von Informationen zu beeinflussen. Es geht darum, wie wir unsere Botschaften präsentieren, um die gewünschte Reaktion beim Empfänger hervorzurufen. Durch geschicktes Framing können wir die Bedeutung und den Kontext unserer Aussagen steuern und somit die Überzeugungskraft unserer Sprache erhöhen.

## DIE WAHL DER RICHTIGEN RAHMENBEDINGUNGEN

Bei der Anwendung von Framing-Techniken ist es wichtig, die richtigen Rahmenbedingungen zu wählen. Der Rahmen, in dem eine Botschaft präsentiert wird, beeinflusst maßgeblich die Wahrnehmung und Interpretation der Informationen. Es ist daher entscheidend, den Rahmen so zu gestalten, dass er die gewünschte Reaktion beim Empfänger hervorruft.

Ein Beispiel für die Anwendung von Framing-Techniken ist die Wahl der positiven oder negativen Formulierung einer Aussage. Indem wir eine Botschaft positiv formulieren, können wir positive Assoziationen und Emotionen beim Empfänger hervorrufen. Dies kann dazu führen, dass der Empfänger eher geneigt ist, unserer Argumentation zuzustimmen oder unsere Ideen zu akzeptieren.

## DIE VERWENDUNG VON METAPHERN UND ANALOGIEN

Metaphern und Analogien sind weitere effektive Framing-Techniken, um komplexe oder abstrakte Konzepte verständlicher und zugänglicher zu machen. Indem wir eine Verbindung zu etwas Bekanntem herstellen, können wir die Aufmerksamkeit des Empfängers auf unsere Botschaft lenken und sie besser verständlich machen.

Ein Beispiel für die Verwendung von Metaphern ist die Beschreibung eines Problems als "Hindernis" oder "Herausforderung". Indem wir das Problem als Hindernis darstellen, vermitteln wir die Vorstellung, dass es überwunden werden kann. Dies kann den Empfänger motivieren, nach Lösungen zu suchen und aktiv zu werden.

## DIE BETONUNG VON BESTIMMTEN ASPEKTEN

Ein weiterer wichtiger Aspekt der Anwendung von Framing-Techniken ist die Betonung bestimmter Aspekte einer Botschaft.

Indem wir bestimmte Informationen hervorheben oder in den Vordergrund stellen, können wir die Wahrnehmung und Interpretation der Botschaft beeinflussen.

Ein Beispiel für die Betonung von bestimmten Aspekten ist die Verwendung von Superlativen oder Vergleichen. Indem wir eine Aussage als "die beste Lösung" oder "besser als andere" präsentieren, erzeugen wir den Eindruck, dass unsere Idee überlegen ist. Dies kann den Empfänger dazu bringen, unsere Argumentation zu akzeptieren und unserer Sichtweise zuzustimmen.

## DIE BERÜCKSICHTIGUNG DES ZIELPUBLIKUMS

Bei der Anwendung von Framing-Techniken ist es wichtig, das Zielpublikum zu berücksichtigen. Jede Zielgruppe hat ihre eigenen Werte, Überzeugungen und Vorlieben. Indem wir unsere Botschaft an die Bedürfnisse und Interessen des Zielpublikums anpassen, können wir die Überzeugungskraft unserer Sprache erhöhen.

Ein Beispiel für die Berücksichtigung des Zielpublikums ist die Verwendung von Sprache, die auf die Emotionen und Werte der Zielgruppe abzielt. Wenn wir wissen, dass unsere Zielgruppe bestimmte Werte wie Nachhaltigkeit oder soziale Gerechtigkeit schätzt, können wir unsere Botschaft entsprechend formulieren, um eine stärkere emotionale Verbindung herzustellen.

## DIE KOMBINATION VON FRAMING-TECHNIKEN

Die Anwendung von Framing-Techniken ist am effektivsten, wenn wir verschiedene Techniken kombinieren und sie aufeinander abstimmen. Indem wir verschiedene Aspekte des Framings nutzen, können wir die Überzeugungskraft unserer Sprache maximieren und die gewünschte Reaktion beim Empfänger erzielen.

Ein Beispiel für die Kombination von Framing-Techniken ist die Verwendung von positiver Sprache in Verbindung mit Metaphern und der Betonung bestimmter Aspekte. Indem wir eine positive Botschaft mit einer anschaulichen Metapher präsentieren und dabei bestimmte Aspekte hervorheben, können wir die Aufmerksamkeit des Empfängers gewinnen und ihn dazu bringen, unsere Argumentation zu akzeptieren.

Die Anwendung von Framing-Techniken erfordert Übung und Erfahrung. Es ist wichtig, die Wirkung unserer Sprache auf andere Menschen zu verstehen und bewusst einzusetzen. Indem wir die richtigen Rahmenbedingungen wählen, Metaphern und Analogien verwenden, bestimmte Aspekte betonen, das Zielpublikum berücksichtigen und verschiedene Techniken kombinieren, können wir unsere Überzeugungskraft durch die richtige Anwendung von Framing-Techniken weiter verbessern.

## DIE WIRKUNG VON FRAMING IN DER POLITIK

Framing ist eine mächtige Technik, die in der Politik weit verbreitet ist. Es geht darum, eine bestimmte Perspektive oder Interpretation eines Themas zu präsentieren, um die öffentliche Meinung zu beeinflussen. Politiker nutzen Framing, um ihre Botschaften zu vermitteln und ihre politischen Ziele zu erreichen. In diesem Kapitel werden wir uns genauer mit der Wirkung von Framing in der Politik befassen.

### DIE BEDEUTUNG VON FRAMING IN DER POLITISCHEN KOMMUNIKATION

Framing ist ein wesentlicher Bestandteil der politischen Kommunikation. Politiker verwenden bestimmte Worte, Sätze und Bilder, um ihre politischen Ideen und Ziele zu präsentieren. Durch geschicktes Framing können sie die öffentliche Meinung beeinflussen und ihre politische Agenda vorantreiben. Framing ermöglicht es Politikern, die Deutungshoheit über ein Thema zu erlangen und die Diskussion in eine bestimmte Richtung zu lenken.

## DIE VERSCHIEDENEN ARTEN VON FRAMING IN DER POLITIK

In der Politik gibt es verschiedene Arten von Framing, die verwendet werden, um die öffentliche Meinung zu beeinflussen. Hier sind einige Beispiele:

- Problem-Framing: Politiker präsentieren ein bestimmtes Thema als ein dringendes Problem, das gelöst werden muss. Sie betonen die negativen Auswirkungen des Problems und bieten ihre Lösungen an.
- Werteframing: Politiker betonen bestimmte Werte oder Prinzipien, um ihre politischen Ideen zu unterstützen. Sie versuchen, ihre Positionen mit moralischen oder ethischen Argumenten zu untermauern.
- Identitäts-Framing: Politiker versuchen, eine bestimmte Identität oder Gruppenzugehörigkeit zu betonen, um Unterstützung für ihre politischen Ziele zu gewinnen. Sie appellieren an das Gemeinschaftsgefühl und die Zugehörigkeit zu einer bestimmten Gruppe.
- Rahmenbruch: Politiker versuchen, den bestehenden Rahmen oder die bestehende Deutung eines Themas zu brechen und eine neue Perspektive einzuführen. Sie versuchen, die öffentliche Meinung zu verändern und neue Ideen zu präsentieren.

## DIE AUSWIRKUNGEN VON FRAMING IN DER POLITISCHEN KOMMUNIKATION

Framing kann erhebliche Auswirkungen auf die politische Kommunikation haben. Es kann die öffentliche Meinung beeinflussen, politische Entscheidungen beeinflussen und die politische Agenda prägen. Hier sind einige der Auswirkungen von Framing in der Politik:

- Beeinflussung der öffentlichen Meinung: Durch geschicktes Framing können Politiker die öffentliche Meinung zu einem bestimmten Thema beeinflussen. Sie können die Wahrnehmung der Menschen verändern und ihre politischen Ideen und Ziele unterstützen.
- Beeinflussung politischer Entscheidungen: Framing kann auch politische Entscheidungen beeinflussen. Politiker können durch geschicktes Framing die Diskussion in eine bestimmte Richtung lenken und politische Entscheidungen beeinflussen.
- Prägung der politischen Agenda: Politiker können durch Framing die politische Agenda prägen. Sie können bestimmte Themen in den Vordergrund stellen und andere Themen vernachlässigen. Framing ermöglicht es Politikern, die öffentliche Aufmerksamkeit auf bestimmte Themen zu lenken und ihre politischen Ziele zu erreichen.

## DIE GRENZEN DES FRAMINGS IN DER POLITIK

Obwohl Framing eine mächtige Technik ist, hat sie auch ihre Grenzen. Politiker können nicht immer die öffentliche Meinung vollständig kontrollieren oder politische Entscheidungen allein durch Framing beeinflussen. Es gibt auch Grenzen für die Akzeptanz von Framing durch die Öffentlichkeit. Wenn Menschen das Gefühl haben, dass sie manipuliert werden, können sie das Framing durchschauen und sich dagegen wehren.

## DIE ETHISCHEN ASPEKTE DES FRAMINGS IN DER POLITIK

Framing in der Politik wirft auch ethische Fragen auf. Politiker können Framing-Techniken verwenden, um die öffentliche Meinung zu manipulieren und ihre politischen Ziele zu erreichen. Dies kann zu einer Verzerrung der Wahrheit und zu einer Manipulation der Menschen führen. Es ist wichtig, dass Politiker verantwortungsbewusst mit Framing umgehen und die ethischen Aspekte berücksichtigen.

In diesem Kapitel haben wir uns mit der Wirkung von Framing in der Politik beschäftigt. Framing ist eine mächtige Technik, die Politiker nutzen, um die öffentliche Meinung zu beeinflussen und ihre politischen Ziele zu erreichen. Es ist wichtig, die verschiedenen Arten von Framing zu verstehen und die Auswirkungen von Framing in der politischen Kommunikation zu erkennen. Gleichzeitig müssen wir uns der Grenzen des Framings bewusst sein und die ethischen Aspekte berücksichtigen.

## DIE ETHISCHEN ASPEKTE DES FRAMINGS

Das Framing ist eine mächtige Technik, um Menschen zu beeinflussen und zu überzeugen. Es geht darum, eine bestimmte Perspektive oder Interpretation eines Themas zu präsentieren, um die Wahrnehmung und das Verständnis der Menschen zu lenken. Doch wie bei jeder Kommunikationstechnik gibt es auch ethische Aspekte, die bei der Anwendung des Framings berücksichtigt werden sollten.

### DIE VERANTWORTUNG DES SPRECHERS

Als Sprecher oder Kommunikator trägt man eine große Verantwortung für die Worte, die man wählt und die Art und Weise, wie man sie präsentiert. Beim Framing geht es darum, eine bestimmte Botschaft zu vermitteln und die Wahrnehmung der Menschen zu beeinflussen. Es ist wichtig, sich bewusst zu sein, dass das Framing eine manipulative Technik sein kann, wenn sie nicht ethisch eingesetzt wird.

Ein ethischer Sprecher sollte sich daher immer fragen, ob das gewählte Framing fair und gerecht ist. Es ist wichtig, die Auswirkungen des Framings auf die Menschen und die Gesellschaft zu bedenken. Ein verantwortungsbewusster Sprecher sollte darauf achten, dass das Framing nicht dazu dient, Menschen zu manipulieren oder zu täuschen, sondern dass es auf einer ehrlichen und transparenten Kommunikation basiert.

## DIE GRENZEN DER ÜBERZEUGUNGSKRAFT

Obwohl das Framing eine effektive Methode ist, um Menschen zu überzeugen, gibt es auch Grenzen, die beachtet werden sollten. Es ist wichtig zu erkennen, dass nicht jeder Mensch auf dasselbe Framing anspricht. Menschen haben unterschiedliche Erfahrungen, Werte und Überzeugungen, die ihre Wahrnehmung und ihr Verständnis beeinflussen.

Ein ethischer Sprecher sollte daher respektieren, dass Menschen unterschiedliche Meinungen haben und dass es nicht immer möglich ist, jeden zu überzeugen. Es ist wichtig, die Grenzen der Überzeugungskraft zu akzeptieren und andere Meinungen zu respektieren. Ein verantwortungsbewusster Sprecher sollte nicht versuchen, Menschen zu manipulieren oder zu zwingen, seine Sichtweise zu übernehmen, sondern ihnen die Möglichkeit geben, ihre eigenen Entscheidungen zu treffen.

## DIE MANIPULATION DURCH SPRACHE ERKENNEN

Das Framing kann auch dazu verwendet werden, Menschen zu manipulieren und ihre Wahrnehmung zu verzerren. Ein ethischer Sprecher sollte daher in der Lage sein, Manipulationstechniken zu erkennen und zu vermeiden. Es ist wichtig, sich bewusst zu sein, dass das Framing dazu dienen kann, Menschen in eine bestimmte Richtung zu lenken, ohne dass sie es merken.

Ein verantwortungsbewusster Sprecher sollte daher darauf achten, dass das Framing nicht dazu verwendet wird, Menschen zu täuschen oder zu manipulieren. Es ist wichtig, dass die gewählten Worte und die Art und Weise, wie sie präsentiert werden, transparent und ehrlich sind. Ein ethischer Sprecher sollte sich bewusst sein, dass die Manipulation durch Sprache negative Auswirkungen haben kann und dass es wichtig ist, die Integrität und Glaubwürdigkeit der Kommunikation zu wahren.

## DIE SPRACHMACHT FÜR DAS GUTE NUTZEN

Trotz der ethischen Aspekte des Framings kann die Sprachmacht auch für positive Zwecke eingesetzt werden. Ein verantwortungsbewusster Sprecher kann das Framing nutzen, um Menschen zu informieren, zu inspirieren und zu motivieren. Es ist wichtig, dass das Framing dazu dient, Menschen zu helfen und positive Veränderungen in der Gesellschaft zu bewirken.

Ein ethischer Sprecher sollte daher darauf achten, dass das Framing dazu verwendet wird, Menschen zu ermutigen und zu unterstützen. Es ist wichtig, dass die gewählten Worte und die Art und Weise, wie sie präsentiert werden, Menschen dazu ermutigen, ihr volles Potenzial auszuschöpfen und positive Veränderungen in ihrem Leben und in der Welt um sie herum zu bewirken.

Die ethischen Aspekte des Framings sind von großer Bedeutung, um sicherzustellen, dass die Sprachmacht auf eine verantwortungsvolle und ethische Weise eingesetzt wird. Ein verantwortungsbewusster Sprecher sollte sich bewusst sein, dass das Framing eine mächtige Technik ist, die sowohl positive als auch negative Auswirkungen haben kann. Es ist wichtig, die Verantwortung zu übernehmen und sicherzustellen, dass das Framing dazu dient, Menschen zu helfen und positive Veränderungen in der Gesellschaft zu bewirken.

# DIE MACHT DER NONVERBALEN KOMMUNIKATION

## DIE BEDEUTUNG VON KÖRPERSPRACHE UND MIMIK

Die Bedeutung von Körpersprache und Mimik in der
Kommunikation kann nicht unterschätzt werden. Während Worte
und Sätze die Grundlage unserer verbalen Kommunikation bilden,
transportiert die nonverbale Kommunikation oft eine ebenso starke
Botschaft. Körpersprache und Mimik können unsere Worte
verstärken, ergänzen oder sogar widersprechen. In diesem Kapitel
werden wir uns mit der Bedeutung von Körpersprache und Mimik
auseinandersetzen und lernen, wie wir sie bewusst einsetzen
können, um unsere Überzeugungskraft zu stärken.

### DIE SPRACHE DES KÖRPERS

Unser Körper spricht eine eigene Sprache, die oft lauter ist als
Worte. Die Art und Weise, wie wir uns bewegen, unsere
Körperhaltung, Gestik und Mimik senden Signale an unser
Gegenüber. Eine aufrechte Haltung kann Selbstbewusstsein und
Autorität vermitteln, während eine gesenkte Schulterhaltung
Unsicherheit ausdrücken kann. Durch bewusste Kontrolle unserer
Körpersprache können wir unsere Überzeugungskraft steigern und
unsere Botschaften klarer vermitteln.

### DIE MACHT DER MIMIK

Unsere Gesichtsausdrücke spielen eine entscheidende Rolle in der
nonverbalen Kommunikation. Ein Lächeln kann Sympathie und
Offenheit signalisieren, während ein Stirnrunzeln oder ein
skeptischer Blick Zweifel oder Ablehnung ausdrücken kann.
Indem wir unsere Mimik bewusst einsetzen, können wir unsere

Worte unterstützen und unsere Überzeugungskraft verstärken. Es ist wichtig, dass unsere Mimik authentisch ist und mit unseren Worten übereinstimmt, da Menschen oft intuitiv auf Inkongruenzen zwischen verbaler und nonverbaler Kommunikation reagieren.

## DIE BEDEUTUNG VON KÖRPERSPRACHE UND MIMIK IN VERSCHIEDENEN SITUATIONEN

Die Bedeutung von Körpersprache und Mimik variiert je nach Situation. In einem beruflichen Umfeld kann eine offene Körperhaltung und ein freundlicher Gesichtsausdruck Vertrauen und Professionalität vermitteln. In zwischenmenschlichen Beziehungen kann eine liebevolle Umarmung oder ein zärtlicher Blick mehr sagen als tausend Worte. In der Politik kann die Körpersprache eines Politikers über Erfolg oder Misserfolg entscheiden. Und in der Werbung kann die richtige Mimik und Körpersprache eines Models oder Testimonials den Erfolg einer Kampagne beeinflussen.

## DIE BEWUSSTE NUTZUNG VON KÖRPERSPRACHE UND MIMIK

Um die Überzeugungskraft unserer Sprache zu maximieren, ist es wichtig, unsere Körpersprache und Mimik bewusst einzusetzen. Wir können dies tun, indem wir uns unserer eigenen Körpersprache und Mimik bewusst werden und sie gezielt trainieren. Indem wir unsere Körperhaltung verbessern, unsere Gestik und Mimik kontrollieren und unsere nonverbale Kommunikation mit unseren Worten abstimmen, können wir unsere Überzeugungskraft steigern und unsere Botschaften effektiver vermitteln.

## DIE NONVERBALE KOMMUNIKATION IM ALLTAG

Die Bedeutung von Körpersprache und Mimik beschränkt sich nicht nur auf bestimmte Situationen, sondern ist ein integraler Bestandteil unserer täglichen Kommunikation. Ob wir mit Freunden, Familie, Kollegen oder Fremden interagieren, unsere nonverbale Kommunikation spielt immer eine Rolle. Indem wir uns bewusst werden, wie wir unseren Körper einsetzen und wie unsere Mimik unsere Worte unterstützt, können wir unsere zwischenmenschlichen Beziehungen verbessern und unsere Überzeugungskraft im Alltag stärken.

In diesem Kapitel haben wir die Bedeutung von Körpersprache und Mimik in der Kommunikation untersucht. Wir haben gelernt, wie wir unsere Körpersprache und Mimik bewusst einsetzen können, um unsere Überzeugungskraft zu stärken. Indem wir unsere nonverbale Kommunikation verbessern, können wir unsere Botschaften klarer vermitteln und unsere zwischenmenschlichen Beziehungen stärken. In den folgenden Kapiteln werden wir uns weiterhin mit der Überzeugungskraft in verschiedenen Kontexten und der Sprachmacht im digitalen Zeitalter auseinandersetzen.

## DIE KUNST DES BLICKKONTAKTS

Blickkontakt ist eine der mächtigsten nonverbalen Kommunikationsformen. Es ist eine direkte Verbindung zwischen den Menschen und kann eine starke Wirkung auf die Überzeugungskraft haben. Der Blickkontakt ermöglicht es, Vertrauen aufzubauen, Emotionen zu vermitteln und eine tiefere Verbindung herzustellen. In diesem Abschnitt werden wir uns mit der Kunst des Blickkontakts befassen und wie sie in verschiedenen Situationen angewendet werden kann.

# DIE KUNST DES BLICKKONTAKTS

Blickkontakt ist eine der mächtigsten nonverbalen Kommunikationsformen. Es ist eine direkte Verbindung zwischen den Menschen und kann eine starke Wirkung auf die Überzeugungskraft haben. Der Blickkontakt ermöglicht es, Vertrauen aufzubauen, Emotionen zu vermitteln und eine tiefere Verbindung herzustellen. In diesem Abschnitt werden wir uns mit der Kunst des Blickkontakts befassen und wie sie in verschiedenen Situationen angewendet werden kann.

## DIE BEDEUTUNG VON BLICKKONTAKT

Blickkontakt ist ein grundlegendes Element der zwischenmenschlichen Kommunikation. Er ermöglicht es uns, die Aufmerksamkeit unseres Gesprächspartners zu gewinnen und eine Verbindung herzustellen. Durch Blickkontakt signalisieren wir Interesse, Respekt und Offenheit. Es zeigt, dass wir präsent sind und uns auf den anderen konzentrieren.

Blickkontakt kann auch dazu beitragen, Vertrauen aufzubauen. Wenn wir jemandem in die Augen schauen, signalisieren wir, dass wir ehrlich und aufrichtig sind. Es schafft eine Verbindung auf einer tieferen Ebene und ermöglicht es uns, Emotionen zu vermitteln.

## DIE KUNST DES BLICKKONTAKTS BEHERRSCHEN

Die Kunst des Blickkontakts zu beherrschen erfordert Übung und Bewusstsein. Hier sind einige Tipps, wie Sie Ihre Fähigkeiten verbessern können:

1. Seien Sie präsent: Achten Sie darauf, im Moment zu sein und sich auf Ihr Gegenüber zu konzentrieren. Vermeiden

Sie Ablenkungen und zeigen Sie durch Ihren Blick, dass Sie wirklich an dem Gespräch interessiert sind.

2. Blickkontakt aufrechterhalten: Versuchen Sie, den Blickkontakt während des gesamten Gesprächs aufrechtzuerhalten. Vermeiden Sie es, ständig wegzuschauen oder auf andere Dinge zu schauen. Dies zeigt Respekt und Interesse.

3. Natürlich bleiben: Versuchen Sie, Ihren Blick natürlich und entspannt zu halten. Vermeiden Sie es, starr oder unangenehm zu wirken. Ein natürlicher Blickkontakt schafft eine angenehme Atmosphäre und erleichtert die Kommunikation.

4. Emotionen vermitteln: Nutzen Sie den Blickkontakt, um Emotionen zu vermitteln. Zeigen Sie durch Ihren Blick, dass Sie begeistert, mitfühlend oder entschlossen sind. Emotionen können die Überzeugungskraft verstärken und eine tiefere Verbindung herstellen.

5. Respektieren Sie die Kultur: Beachten Sie, dass die Bedeutung von Blickkontakt in verschiedenen Kulturen unterschiedlich sein kann. Informieren Sie sich über die kulturellen Normen und passen Sie Ihren Blickkontakt entsprechend an.

## BLICKKONTAKT IN VERSCHIEDENEN SITUATIONEN

Die Kunst des Blickkontakts kann in verschiedenen Situationen angewendet werden, um die Überzeugungskraft zu stärken:

1. Im Berufsleben: Blickkontakt ist im Geschäftsleben von großer Bedeutung. Durch einen starken Blickkontakt können Sie Autorität und Selbstvertrauen ausstrahlen. Es zeigt auch, dass Sie aufmerksam sind und bereit sind, zuzuhören.

2. In zwischenmenschlichen Beziehungen: Blickkontakt spielt eine wichtige Rolle in zwischenmenschlichen Beziehungen. Es kann Intimität und Vertrauen schaffen. Durch

Blickkontakt zeigen Sie Ihrem Partner, dass Sie präsent sind und sich für ihn interessieren.

3. In der Politik: Politiker nutzen Blickkontakt, um Wähler zu überzeugen. Durch einen starken Blickkontakt können sie Vertrauen aufbauen und ihre Botschaften überzeugender vermitteln.

4. In der Werbung: Blickkontakt wird auch in der Werbung eingesetzt, um die Aufmerksamkeit der Zuschauer zu gewinnen. Durch einen direkten Blickkontakt können Werbefiguren eine Verbindung zu den potenziellen Kunden herstellen und ihre Botschaften effektiver vermitteln.

**FAZIT**

Die Kunst des Blickkontakts ist ein mächtiges Werkzeug, um die Überzeugungskraft zu stärken. Durch einen starken Blickkontakt können wir Vertrauen aufbauen, Emotionen vermitteln und eine tiefere Verbindung herstellen. Es erfordert Übung und Bewusstsein, um den Blickkontakt effektiv einzusetzen. Indem Sie die Tipps und Techniken in diesem Abschnitt anwenden, können Sie Ihre Fähigkeiten verbessern und Ihre Überzeugungskraft steigern.

## DIE BEDEUTUNG VON GESTIK UND HALTUNG

Die nonverbale Kommunikation spielt eine entscheidende Rolle in der Überzeugungskraft. Neben der Sprache und dem Blickkontakt ist auch die Gestik und Haltung eines Sprechers von großer Bedeutung. In diesem Kapitel werden wir uns genauer mit der Wirkung von Gestik und Haltung auf die Kommunikation auseinandersetzen.

## DIE AUSDRUCKSKRAFT DER GESTIK

Gestik umfasst die Bewegungen der Hände, Arme und des gesamten Körpers während der Kommunikation. Sie kann die Worte unterstützen, verstärken oder sogar ersetzen. Eine bewusste und gezielte Gestik kann die Überzeugungskraft einer Botschaft erheblich steigern.

Eine offene und ausladende Gestik signalisiert Selbstbewusstsein und Offenheit. Durch das Ausbreiten der Arme und das Zeigen mit den Händen kann der Sprecher seine Aussagen unterstreichen und dem Gesagten mehr Nachdruck verleihen. Eine zurückhaltende und eingeschränkte Gestik hingegen kann Unsicherheit oder Desinteresse signalisieren und die Glaubwürdigkeit der Botschaft beeinträchtigen.

Es ist wichtig, dass die Gestik zum Inhalt der Botschaft passt. Eine übertriebene oder unpassende Gestik kann vom eigentlichen Inhalt ablenken und die Glaubwürdigkeit des Sprechers in Frage stellen. Eine natürliche und authentische Gestik hingegen unterstützt die Überzeugungskraft und verleiht der Botschaft eine zusätzliche Ebene der Verständlichkeit.

## DIE BEDEUTUNG DER KÖRPERHALTUNG

Die Körperhaltung eines Sprechers kann ebenfalls einen großen Einfluss auf die Überzeugungskraft haben. Eine aufrechte und selbstbewusste Haltung signalisiert Autorität und Kompetenz. Der Sprecher strahlt damit Souveränität aus und wird von den Zuhörern ernst genommen.

Eine gekrümmte oder schlaffe Körperhaltung hingegen kann Unsicherheit und Schwäche vermitteln. Der Sprecher wirkt weniger überzeugend und seine Botschaft verliert an Glaubwürdigkeit. Eine bewusste Kontrolle der Körperhaltung ist daher entscheidend, um die gewünschte Wirkung zu erzielen.

Die Körperhaltung sollte dem Inhalt der Botschaft angepasst sein.
Bei einer ernsten oder wichtigen Angelegenheit ist eine aufrechte
und ernsthafte Haltung angemessen. Bei einer lockeren oder
humorvollen Botschaft kann eine entspannte und lässige
Körperhaltung die Überzeugungskraft unterstützen.

## DIE VERBINDUNG VON GESTIK UND HALTUNG

Die Gestik und Körperhaltung sollten in Einklang miteinander
stehen, um eine kohärente und überzeugende Kommunikation zu
ermöglichen. Eine offene und ausladende Gestik sollte von einer
aufrechten und selbstbewussten Körperhaltung begleitet werden.
Dadurch wird die Botschaft des Sprechers kongruent und
authentisch.

Es ist wichtig, dass Gestik und Haltung natürlich wirken und nicht
übertrieben oder gekünstelt. Eine zu starke Betonung der Gestik
oder eine übertriebene Körperhaltung kann von der eigentlichen
Botschaft ablenken und die Glaubwürdigkeit des Sprechers
beeinträchtigen.

Die bewusste Kontrolle von Gestik und Haltung erfordert Übung
und Selbstreflexion. Es kann hilfreich sein, sich selbst beim
Sprechen zu beobachten und zu analysieren, wie Gestik und
Haltung auf andere wirken. Durch regelmäßiges Training und
bewusstes Einsetzen von Gestik und Haltung kann die
Überzeugungskraft in der Kommunikation erheblich gesteigert
werden.

## DIE BEDEUTUNG VON BLICKKONTAKT

Blickkontakt ist ein grundlegendes Element der
zwischenmenschlichen Kommunikation. Er ermöglicht es uns, die
Aufmerksamkeit unseres Gesprächspartners zu gewinnen und eine

Verbindung herzustellen. Durch Blickkontakt signalisieren wir Interesse, Respekt und Offenheit. Es zeigt, dass wir präsent sind und uns auf den anderen konzentrieren.

Blickkontakt kann auch dazu beitragen, Vertrauen aufzubauen. Wenn wir jemandem in die Augen schauen, signalisieren wir, dass wir ehrlich und aufrichtig sind. Es schafft eine Verbindung auf einer tieferen Ebene und ermöglicht es uns, Emotionen zu vermitteln.

## DIE KUNST DES BLICKKONTAKTS BEHERRSCHEN

Die Kunst des Blickkontakts zu beherrschen erfordert Übung und Bewusstsein. Hier sind einige Tipps, wie Sie Ihre Fähigkeiten verbessern können:

1. Seien Sie präsent: Achten Sie darauf, im Moment zu sein und sich auf Ihr Gegenüber zu konzentrieren. Vermeiden Sie Ablenkungen und zeigen Sie durch Ihren Blick, dass Sie wirklich an dem Gespräch interessiert sind.
2. Blickkontakt aufrechterhalten: Versuchen Sie, den Blickkontakt während des gesamten Gesprächs aufrechtzuerhalten. Vermeiden Sie es, ständig wegzuschauen oder auf andere Dinge zu schauen. Dies zeigt Respekt und Interesse.
3. Natürlich bleiben: Versuchen Sie, Ihren Blick natürlich und entspannt zu halten. Vermeiden Sie es, starr oder unangenehm zu wirken. Ein natürlicher Blickkontakt schafft eine angenehme Atmosphäre und erleichtert die Kommunikation.
4. Emotionen vermitteln: Nutzen Sie den Blickkontakt, um Emotionen zu vermitteln. Zeigen Sie durch Ihren Blick, dass Sie begeistert, mitfühlend oder entschlossen sind. Emotionen können die Überzeugungskraft verstärken und eine tiefere Verbindung herstellen.
5. Respektieren Sie die Kultur: Beachten Sie, dass die Bedeutung von Blickkontakt in verschiedenen Kulturen

unterschiedlich sein kann. Informieren Sie sich über die kulturellen Normen und passen Sie Ihren Blickkontakt entsprechend an.

## BLICKKONTAKT IN VERSCHIEDENEN SITUATIONEN

Die Kunst des Blickkontakts kann in verschiedenen Situationen angewendet werden, um die Überzeugungskraft zu stärken:

1. Im Berufsleben: Blickkontakt ist im Geschäftsleben von großer Bedeutung. Durch einen starken Blickkontakt können Sie Autorität und Selbstvertrauen ausstrahlen. Es zeigt auch, dass Sie aufmerksam sind und bereit sind, zuzuhören.
2. In zwischenmenschlichen Beziehungen: Blickkontakt spielt eine wichtige Rolle in zwischenmenschlichen Beziehungen. Es kann Intimität und Vertrauen schaffen. Durch Blickkontakt zeigen Sie Ihrem Partner, dass Sie präsent sind und sich für ihn interessieren.
3. In der Politik: Politiker nutzen Blickkontakt, um Wähler zu überzeugen. Durch einen starken Blickkontakt können sie Vertrauen aufbauen und ihre Botschaften überzeugender vermitteln.
4. In der Werbung: Blickkontakt wird auch in der Werbung eingesetzt, um die Aufmerksamkeit der Zuschauer zu gewinnen. Durch einen direkten Blickkontakt können Werbefiguren eine Verbindung zu den potenziellen Kunden herstellen und ihre Botschaften effektiver vermitteln.

## FAZIT

Die Kunst des Blickkontakts ist ein mächtiges Werkzeug, um die Überzeugungskraft zu stärken. Durch einen starken Blickkontakt können wir Vertrauen aufbauen, Emotionen vermitteln und eine tiefere Verbindung herstellen. Es erfordert Übung und Bewusstsein, um den Blickkontakt effektiv einzusetzen. Indem Sie

die Tipps und Techniken in diesem Abschnitt anwenden, können
Sie Ihre Fähigkeiten verbessern und Ihre Überzeugungskraft
steigern.

## DIE NONVERBALE KOMMUNIKATION IM ALLTAG

Die nonverbale Kommunikation spielt eine entscheidende Rolle in
unserem täglichen Leben. Oftmals wird unterschätzt, wie viel
Einfluss unsere Körpersprache, Mimik und Gestik auf unsere
Kommunikation haben. In diesem Kapitel werden wir uns genauer
mit der Bedeutung der nonverbalen Kommunikation im Alltag
auseinandersetzen und wie wir sie gezielt einsetzen können, um
unsere Überzeugungskraft zu stärken.

### DIE BEDEUTUNG VON KÖRPERSPRACHE UND MIMIK

Unsere Körpersprache und Mimik senden oft stärkere Signale als
unsere Worte. Sie können unsere Emotionen, unsere Haltung und
unsere Einstellung zum Ausdruck bringen. Ein fester Händedruck,
eine aufrechte Körperhaltung und ein offenes Lächeln können
Vertrauen und Sympathie erzeugen. Es ist wichtig, sich bewusst zu
sein, wie wir unseren Körper einsetzen, um unsere Botschaften zu
unterstützen und unsere Überzeugungskraft zu stärken.

### DIE KUNST DES BLICKKONTAKTS

Der Blickkontakt ist ein wichtiger Bestandteil der nonverbalen
Kommunikation. Er zeigt Interesse, Aufmerksamkeit und
Vertrauen. Durch den Blickkontakt können wir eine Verbindung zu
unserem Gesprächspartner herstellen und ihm signalisieren, dass
wir ihm zuhören und seine Meinung respektieren. Ein
angemessener Blickkontakt kann unsere Überzeugungskraft
erheblich steigern und uns dabei helfen, unsere Botschaften
effektiv zu vermitteln.

## DIE BEDEUTUNG VON GESTIK UND HALTUNG

Unsere Gestik und Haltung können viel über unsere Persönlichkeit und unsere Einstellung aussagen. Eine offene Gestik, bei der wir unsere Hände verwenden, um unsere Worte zu unterstützen, kann unsere Überzeugungskraft verstärken. Eine aufrechte Körperhaltung zeigt Selbstbewusstsein und Autorität. Es ist wichtig, unsere Gestik und Haltung bewusst einzusetzen, um unsere Botschaften klar und überzeugend zu vermitteln.

## DIE NONVERBALE KOMMUNIKATION IM ALLTAG

Die nonverbale Kommunikation spielt nicht nur in formellen Situationen eine Rolle, sondern auch im Alltag. Ob bei einem Treffen mit Freunden, in der Familie oder bei der Arbeit, unsere Körpersprache, Mimik und Gestik beeinflussen ständig unsere zwischenmenschlichen Beziehungen. Indem wir uns bewusst mit unserer nonverbalen Kommunikation auseinandersetzen, können wir unsere Überzeugungskraft im Alltag stärken.

Im Gespräch mit Freunden können wir durch offene Gestik und eine positive Körperhaltung zeigen, dass wir ihnen zuhören und sie respektieren. Ein angemessener Blickkontakt kann das Vertrauen stärken und die Kommunikation vertiefen. In der Familie können wir durch unsere Mimik und Gestik unsere Liebe und Zuneigung ausdrücken. Eine warme Umarmung oder ein liebevolles Lächeln können oft mehr sagen als tausend Worte.

Auch im beruflichen Umfeld ist die nonverbale Kommunikation von großer Bedeutung. Eine selbstbewusste Körperhaltung und eine offene Gestik können Autorität und Kompetenz vermitteln. Ein angemessener Blickkontakt kann das Vertrauen der Kollegen und Vorgesetzten stärken. Durch bewussten Einsatz unserer nonverbalen Kommunikation können wir unsere Überzeugungskraft im Berufsleben steigern und unsere Ziele effektiver erreichen.

Es ist jedoch wichtig zu beachten, dass die nonverbale
Kommunikation auch missverstanden werden kann. Daher sollten
wir uns bewusst sein, wie unsere Körpersprache, Mimik und
Gestik von anderen interpretiert werden könnten. Es ist ratsam,
aufmerksam auf die Reaktionen unseres Gegenübers zu achten und
gegebenenfalls unsere nonverbale Kommunikation anzupassen.

Die nonverbale Kommunikation ist ein mächtiges Werkzeug, das
uns dabei helfen kann, unsere Überzeugungskraft zu stärken und
unsere Botschaften effektiv zu vermitteln. Indem wir uns bewusst
mit unserer Körpersprache, Mimik und Gestik auseinandersetzen,
können wir unsere nonverbale Kommunikation im Alltag gezielt
einsetzen und unsere zwischenmenschlichen Beziehungen
verbessern.

# DIE ÜBERZEUGUNGSKRAFT IN VERSCHIEDENEN KONTEXTEN

## DIE ÜBERZEUGUNGSKRAFT IM BERUFSLEBEN

Im Berufsleben ist die Fähigkeit, andere Menschen zu überzeugen, von großer Bedeutung. Egal, ob es darum geht, Kunden von einem Produkt oder einer Dienstleistung zu überzeugen, Kollegen von einer Idee zu überzeugen oder Vorgesetzte von einem Projekt zu überzeugen - die richtige Überzeugungskraft kann den Unterschied zwischen Erfolg und Misserfolg ausmachen.

### DIE BEDEUTUNG DER KOMMUNIKATION IM BERUFSLEBEN

Kommunikation ist ein wesentlicher Bestandteil des Berufslebens. Egal, ob es sich um mündliche oder schriftliche Kommunikation handelt, die Art und Weise, wie wir unsere Gedanken und Ideen ausdrücken, kann einen großen Einfluss darauf haben, wie wir von anderen wahrgenommen werden. Eine klare und überzeugende Kommunikation kann dazu beitragen, dass wir unsere Ziele erreichen und erfolgreich sind.

### DIE KUNST DES ÜBERZEUGENS

Die Kunst des Überzeugens besteht darin, andere Menschen von unseren Ideen, Meinungen oder Vorschlägen zu überzeugen. Es geht darum, die richtigen Worte und Argumente zu finden, um andere von der Richtigkeit unserer Position zu überzeugen. Dabei ist es wichtig, sowohl rationale als auch emotionale Argumente einzusetzen und auf die Bedürfnisse und Interessen des Gegenübers einzugehen.

## DIE RICHTIGE WORTWAHL

Die Wahl der richtigen Worte ist entscheidend, um andere Menschen zu überzeugen. Es geht darum, klare und präzise Aussagen zu treffen, die leicht verständlich sind und beim Gegenüber einen positiven Eindruck hinterlassen. Positive Sprache kann dabei helfen, eine positive Atmosphäre zu schaffen und das Vertrauen des Gegenübers zu gewinnen. Es ist wichtig, negative Sprache zu vermeiden, da sie das Gegenüber abschrecken und die Überzeugungskraft beeinträchtigen kann.

## DIE BEDEUTUNG VON KÖRPERSPRACHE UND STIMME

Neben der verbalen Kommunikation spielt auch die nonverbale Kommunikation eine wichtige Rolle bei der Überzeugungskraft im Berufsleben. Die Körpersprache, wie Gestik, Mimik und Haltung, kann dazu beitragen, unsere Worte zu unterstützen und Glaubwürdigkeit zu vermitteln. Eine offene und selbstbewusste Körperhaltung kann das Vertrauen des Gegenübers stärken. Auch die Stimme, ihre Tonlage und Betonung, können einen großen Einfluss auf die Überzeugungskraft haben.

## DIE KUNST DES ZUHÖRENS

Um andere Menschen im Berufsleben zu überzeugen, ist es wichtig, ihnen zuzuhören und ihre Bedürfnisse und Anliegen zu verstehen. Durch aktives Zuhören können wir auf die Bedenken und Fragen des Gegenübers eingehen und unsere Argumente entsprechend anpassen. Zuhören zeigt Respekt und Wertschätzung und kann dazu beitragen, eine positive Beziehung aufzubauen.

## DIE ÜBERZEUGUNGSKRAFT IN VERHANDLUNGEN

Verhandlungen sind eine Situation, in der Überzeugungskraft besonders wichtig ist. Es geht darum, die eigenen Interessen zu vertreten und gleichzeitig eine Win-Win-Situation für alle

Beteiligten zu schaffen. Durch eine klare und überzeugende Kommunikation können wir unsere Position stärken und die gewünschten Ergebnisse erzielen. Es ist wichtig, flexibel zu sein und auf die Argumente und Bedürfnisse der anderen Partei einzugehen.

## DIE ÜBERZEUGUNGSKRAFT IN PRÄSENTATIONEN

Präsentationen sind eine Gelegenheit, um andere Menschen von unseren Ideen oder Projekten zu überzeugen. Eine gut strukturierte Präsentation mit klaren Argumenten und einer überzeugenden Sprache kann dazu beitragen, das Interesse und die Aufmerksamkeit des Publikums zu gewinnen. Es ist wichtig, die Bedürfnisse und Erwartungen des Publikums zu berücksichtigen und eine ansprechende Präsentation zu gestalten.

## DIE ÜBERZEUGUNGSKRAFT IM TEAM

Auch im Team ist Überzeugungskraft von großer Bedeutung. Es geht darum, andere Teammitglieder von unseren Ideen oder Vorschlägen zu überzeugen und sie für unsere Ziele zu gewinnen. Eine klare und überzeugende Kommunikation kann dazu beitragen, Konflikte zu vermeiden und eine effektive Zusammenarbeit zu fördern. Es ist wichtig, auf die Meinungen und Ideen anderer einzugehen und gemeinsam nach Lösungen zu suchen.

## DIE ÜBERZEUGUNGSKRAFT ALS FÜHRUNGSKRAFT

Als Führungskraft ist Überzeugungskraft eine Schlüsselkompetenz. Es geht darum, Mitarbeiter zu motivieren, zu inspirieren und für die gemeinsamen Ziele zu gewinnen. Eine klare und überzeugende Kommunikation kann dazu beitragen, Vertrauen und Respekt bei den Mitarbeitern aufzubauen. Es ist wichtig, auf die Bedürfnisse und Anliegen der Mitarbeiter einzugehen und sie in Entscheidungsprozesse einzubeziehen.

## DIE ÜBERZEUGUNGSKRAFT IM BEWERBUNGSPROZESS

Auch im Bewerbungsprozess ist Überzeugungskraft von großer Bedeutung. Es geht darum, potenzielle Arbeitgeber von unseren Fähigkeiten und Qualifikationen zu überzeugen. Eine überzeugende Bewerbung und ein überzeugendes Vorstellungsgespräch können dazu beitragen, sich von anderen Bewerbern abzuheben und den gewünschten Job zu bekommen. Es ist wichtig, die eigenen Stärken und Erfahrungen herauszustellen und auf die Anforderungen des Unternehmens einzugehen.

Die Überzeugungskraft im Berufsleben ist eine wichtige Fähigkeit, die durch die richtige Kommunikation, die Wahl der richtigen Worte und die Beachtung der nonverbalen Kommunikation gestärkt werden kann. Es geht darum, andere Menschen von unseren Ideen, Meinungen oder Vorschlägen zu überzeugen und eine positive und effektive Zusammenarbeit zu fördern. Mit den richtigen Tipps und Techniken kann jeder seine Überzeugungskraft im Berufsleben verbessern und erfolgreich sein.

# DIE ÜBERZEUGUNGSKRAFT IN ZWISCHENMENSCHLICHEN BEZIEHUNGEN

In zwischenmenschlichen Beziehungen spielt die Überzeugungskraft der Sprache eine entscheidende Rolle. Ob in der Familie, in der Partnerschaft oder im Freundeskreis - die Fähigkeit, andere Menschen mit den richtigen Worten zu überzeugen, kann zu einer harmonischen und erfolgreichen Beziehung beitragen. In diesem Kapitel werden wir uns damit beschäftigen, wie Sie Ihre Überzeugungskraft in verschiedenen zwischenmenschlichen Kontexten stärken können.

### DIE BEDEUTUNG VON EMPATHIE

Eine der wichtigsten Voraussetzungen, um andere Menschen zu überzeugen, ist Empathie. Empathie bedeutet, sich in die Gefühle und Perspektiven anderer Menschen hineinversetzen zu können. Indem Sie versuchen, die Welt aus der Sicht des anderen zu sehen, können Sie besser verstehen, was ihn oder sie bewegt und welche Bedürfnisse und Wünsche er oder sie hat. Dieses Verständnis ermöglicht es Ihnen, Ihre Argumente und Botschaften so zu formulieren, dass sie auf offene Ohren stoßen und die Bedürfnisse des anderen berücksichtigen.

## AKTIVES ZUHÖREN

Eine weitere wichtige Fähigkeit, um in zwischenmenschlichen Beziehungen überzeugend zu kommunizieren, ist das aktive Zuhören. Aktives Zuhören bedeutet, dem Gesprächspartner Ihre volle Aufmerksamkeit zu schenken und wirklich zu verstehen, was er oder sie sagt. Stellen Sie offene Fragen, um das Gespräch zu vertiefen und zeigen Sie durch nonverbale Signale wie Nicken oder Blickkontakt, dass Sie wirklich interessiert sind. Durch aktives Zuhören signalisieren Sie Respekt und Wertschätzung für den anderen und schaffen eine Atmosphäre des Vertrauens.

## DIE KUNST DES EINFÜHLUNGSVERMÖGENS

Einfühlungsvermögen ist eine weitere wichtige Fähigkeit, um in zwischenmenschlichen Beziehungen überzeugend zu kommunizieren. Indem Sie sich in die Gefühle und Bedürfnisse des anderen einfühlen, können Sie Ihre Botschaften so formulieren, dass sie auf eine positive Resonanz stoßen. Zeigen Sie Verständnis für die Perspektive des anderen und versuchen Sie, gemeinsame Interessen und Ziele zu finden. Durch Einfühlungsvermögen schaffen Sie eine Verbindung zum anderen und erhöhen die Wahrscheinlichkeit, dass er oder sie Ihnen zustimmt.

## AUTHENTIZITÄT UND GLAUBWÜRDIGKEIT

Um andere Menschen zu überzeugen, ist es wichtig, authentisch und glaubwürdig zu sein. Menschen spüren intuitiv, ob jemand ehrlich ist oder versucht, sie zu manipulieren. Seien Sie daher offen und ehrlich in Ihrer Kommunikation und stehen Sie zu Ihren Überzeugungen. Vermeiden Sie es, sich zu verstellen oder Dinge zu sagen, von denen Sie nicht überzeugt sind. Nur wenn Sie authentisch sind, können Sie das Vertrauen anderer gewinnen und sie von Ihren Ideen überzeugen.

## DIE KRAFT DER POSITIVEN SPRACHE

In zwischenmenschlichen Beziehungen ist die Wahl der richtigen Worte entscheidend. Verwenden Sie positive Sprache, um Ihre Botschaften zu vermitteln. Statt "Das ist unmöglich" könnten Sie zum Beispiel sagen "Das ist eine Herausforderung, die wir gemeinsam meistern können". Positive Sprache erzeugt eine positive Atmosphäre und motiviert andere Menschen, an Ihre Ideen zu glauben und ihnen zu folgen.

## KONFLIKTE KONSTRUKTIV LÖSEN

In zwischenmenschlichen Beziehungen können Konflikte auftreten. Die Fähigkeit, Konflikte konstruktiv zu lösen, ist entscheidend, um die Beziehung zu erhalten und zu stärken. Vermeiden Sie es, in Konfliktsituationen persönlich zu werden oder den anderen anzugreifen. Bleiben Sie ruhig und sachlich und versuchen Sie, gemeinsam nach Lösungen zu suchen. Durch eine konstruktive Konfliktlösung können Sie das Vertrauen und die Verbundenheit in der Beziehung stärken.

## DIE BEDEUTUNG VON KÖRPERSPRACHE UND NONVERBALER KOMMUNIKATION

In zwischenmenschlichen Beziehungen spielt nicht nur die Sprache eine Rolle, sondern auch die nonverbale Kommunikation. Achten Sie auf Ihre Körpersprache, Ihre Mimik und Ihre Gestik. Diese nonverbalen Signale können oft mehr aussagen als Worte. Achten Sie darauf, dass Ihre Körpersprache mit Ihren Worten übereinstimmt und eine positive und offene Haltung ausdrückt. Durch eine bewusste Kontrolle Ihrer nonverbalen Kommunikation können Sie Ihre Überzeugungskraft weiter stärken.

## DIE KUNST DES KOMPROMISSES

In zwischenmenschlichen Beziehungen ist es oft notwendig, Kompromisse einzugehen. Zeigen Sie Flexibilität und Offenheit für andere Standpunkte. Versuchen Sie, gemeinsame Lösungen zu finden, die für beide Seiten akzeptabel sind. Durch die Bereitschaft zum Kompromiss können Sie das Vertrauen und die Zusammenarbeit in der Beziehung fördern und Ihre Überzeugungskraft weiter ausbauen.

## DIE BEDEUTUNG VON FEEDBACK

Feedback ist ein wichtiges Instrument, um in zwischenmenschlichen Beziehungen zu wachsen und sich weiterzuentwickeln. Geben Sie Ihrem Gesprächspartner ehrliches und konstruktives Feedback, um ihm zu helfen, seine Fähigkeiten zu verbessern. Seien Sie dabei jedoch stets respektvoll und einfühlsam. Durch Feedback können Sie das Vertrauen und die Verbundenheit in der Beziehung stärken und Ihre Überzeugungskraft weiterentwickeln.

## DIE KUNST DES VERZEIHENS

In zwischenmenschlichen Beziehungen kann es zu Fehlern und Verletzungen kommen. Die Kunst des Verzeihens ist entscheidend, um die Beziehung zu erhalten und zu stärken. Zeigen Sie Verständnis für die Fehler des anderen und seien Sie bereit, ihm zu vergeben. Durch Vergebung können Sie alte Wunden heilen und eine neue Basis für Vertrauen und Zusammenarbeit schaffen.

In zwischenmenschlichen Beziehungen ist die Überzeugungskraft der Sprache von großer Bedeutung. Durch Empathie, aktives

Zuhören, Einfühlungsvermögen, Authentizität, positive Sprache, konstruktive Konfliktlösung, bewusste nonverbale Kommunikation, Kompromissbereitschaft, Feedback und Vergebung können Sie Ihre Überzeugungskraft stärken und zu einer harmonischen und erfolgreichen Beziehung beitragen.

# DIE ÜBERZEUGUNGSKRAFT IN DER POLITIK

Die Überzeugungskraft spielt eine zentrale Rolle in der Politik. Politikerinnen und Politiker müssen in der Lage sein, ihre Ideen und Visionen überzeugend zu präsentieren, um Wählerinnen und Wähler von sich und ihren politischen Zielen zu überzeugen. In diesem Kapitel werden wir uns damit beschäftigen, wie die Sprachmacht in der Politik eingesetzt wird und welche Strategien und Techniken Politikerinnen und Politiker verwenden, um ihre Überzeugungskraft zu stärken.

## DIE BEDEUTUNG DER SPRACHE IN DER POLITISCHEN KOMMUNIKATION

Die Sprache spielt eine entscheidende Rolle in der politischen Kommunikation. Politikerinnen und Politiker nutzen Worte, um ihre Botschaften zu vermitteln und ihre politischen Ziele zu kommunizieren. Die Wahl der richtigen Worte und die Fähigkeit, klare und prägnante Aussagen zu treffen, sind entscheidend, um die Aufmerksamkeit der Menschen zu gewinnen und ihre Unterstützung zu gewinnen.

## DIE KRAFT DER RHETORIK IN DER POLITIK

Rhetorik ist eine Kunst, die in der Politik von großer Bedeutung ist. Politikerinnen und Politiker nutzen rhetorische Stilmittel, um ihre Reden und Ansprachen überzeugender und wirkungsvoller zu gestalten. Durch den Einsatz von Metaphern, Anaphern und anderen rhetorischen Figuren können Politikerinnen und Politiker ihre Botschaften eindringlicher vermitteln und die Emotionen der Zuhörerinnen und Zuhörer ansprechen.

## DIE KUNST DER ARGUMENTATION IN DER POLITIK

In der Politik ist die Fähigkeit, überzeugende Argumente vorzubringen, von großer Bedeutung. Politikerinnen und Politiker müssen in der Lage sein, ihre Standpunkte klar und verständlich zu erklären und ihre Argumente mit Fakten und Daten zu untermauern. Durch eine logische und gut strukturierte Argumentation können Politikerinnen und Politiker die Glaubwürdigkeit ihrer Aussagen stärken und die Zustimmung der Menschen gewinnen.

## DIE BEDEUTUNG VON EMOTIONEN IN DER POLITISCHEN ÜBERZEUGUNG

Emotionen spielen eine wichtige Rolle in der politischen Überzeugung. Politikerinnen und Politiker nutzen Emotionen, um eine Verbindung zu den Menschen herzustellen und ihre Botschaften emotional aufzuladen. Indem sie Geschichten erzählen, persönliche Erfahrungen teilen und auf die Emotionen der Menschen eingehen, können Politikerinnen und Politiker eine starke emotionale Bindung zu ihren Wählerinnen und Wählern aufbauen und ihre Überzeugungskraft stärken.

## DIE MACHT DER SPRACHE IN POLITISCHEN KAMPAGNEN

In politischen Kampagnen spielt die Sprache eine entscheidende Rolle. Politikerinnen und Politiker nutzen Sprache, um ihre politischen Ziele zu kommunizieren und die Menschen von ihrer Kandidatur zu überzeugen. Durch den Einsatz von Slogans, Schlagworten und prägnanten Aussagen können Politikerinnen und Politiker ihre Botschaften in den Köpfen der Menschen verankern und ihre Überzeugungskraft maximieren.

## DIE ROLLE DER MEDIEN IN DER POLITISCHEN ÜBERZEUGUNG

Die Medien spielen eine wichtige Rolle in der politischen
Überzeugung. Politikerinnen und Politiker müssen in der Lage
sein, die Medien für sich zu gewinnen und ihre Botschaften
effektiv zu vermitteln. Durch den gezielten Einsatz von
Medienstrategien und die Pflege von Beziehungen zu
Journalistinnen und Journalisten können Politikerinnen und
Politiker ihre Überzeugungskraft in der Öffentlichkeit stärken und
ihre politischen Ziele vorantreiben.

## DIE HERAUSFORDERUNGEN DER POLITISCHEN ÜBERZEUGUNG

Die politische Überzeugung ist mit zahlreichen Herausforderungen
verbunden. Politikerinnen und Politiker müssen sich mit
unterschiedlichen Meinungen und Interessen auseinandersetzen
und in der Lage sein, ihre Standpunkte überzeugend zu vertreten.
Sie müssen auch mit Kritik umgehen können und in der Lage sein,
ihre Überzeugungskraft in schwierigen Situationen
aufrechtzuerhalten.

## DIE ETHISCHEN ASPEKTE DER POLITISCHEN ÜBERZEUGUNG

Die politische Überzeugung wirft auch ethische Fragen auf.
Politikerinnen und Politiker müssen sich bewusst sein, dass ihre
Sprachmacht und Überzeugungskraft auch missbraucht werden
kann. Es ist wichtig, dass Politikerinnen und Politiker ihre
Überzeugungskraft verantwortungsbewusst einsetzen und sich
ethischen Standards verpflichten, um das Vertrauen der Menschen
zu gewinnen und zu erhalten.

## DIE POLITISCHE ÜBERZEUGUNG IN DER DEMOKRATIE

In einer Demokratie ist die politische Überzeugung von großer
Bedeutung. Politikerinnen und Politiker müssen in der Lage sein,
die Menschen von ihren politischen Ideen und Zielen zu

überzeugen, um gewählt zu werden und politische Veränderungen herbeizuführen. Die politische Überzeugung ist ein wesentlicher Bestandteil des demokratischen Prozesses und trägt zur Gestaltung einer gerechten und lebendigen Gesellschaft bei.

## DIE ZUKUNFT DER POLITISCHEN ÜBERZEUGUNG

Die politische Überzeugung wird auch in Zukunft eine wichtige Rolle spielen. Mit den sich verändernden politischen und gesellschaftlichen Bedingungen werden Politikerinnen und Politiker neue Strategien und Techniken entwickeln müssen, um ihre Überzeugungskraft zu stärken. Die Sprachmacht wird weiterhin ein entscheidender Faktor sein, um Menschen zu erreichen und politische Veränderungen herbeizuführen.

In diesem Kapitel haben wir uns mit der Überzeugungskraft in der Politik beschäftigt und die verschiedenen Aspekte und Herausforderungen beleuchtet. Politikerinnen und Politiker müssen die Macht der Sprache verstehen und sie gezielt einsetzen, um die Menschen von ihren politischen Ideen und Zielen zu überzeugen. Die politische Überzeugung ist ein komplexes Thema, das weiterhin erforscht und diskutiert werden muss, um eine lebendige und demokratische Gesellschaft zu gestalten.

## DIE ÜBERZEUGUNGSKRAFT IN DER WERBUNG

Die Überzeugungskraft spielt eine entscheidende Rolle in der Welt der Werbung. Unternehmen investieren enorme Summen in ihre Marketingkampagnen, um potenzielle Kunden von ihren Produkten oder Dienstleistungen zu überzeugen. In diesem Kapitel werden wir uns genauer mit der Sprachmacht in der Werbung befassen und untersuchen, wie Unternehmen durch die richtige Wortwahl und Kommunikationsstrategien ihre Zielgruppe beeinflussen können.

## DIE BEDEUTUNG VON EMOTIONALER ANSPRACHE

Eine der effektivsten Methoden, um die Überzeugungskraft in der Werbung zu steigern, ist die emotionale Ansprache. Menschen treffen Entscheidungen oft aufgrund ihrer Gefühle und nicht nur aufgrund rationaler Überlegungen. Daher ist es wichtig, dass Werbetreibende die Emotionen ihrer Zielgruppe ansprechen und positive Gefühle hervorrufen.

Die Verwendung von positiven Adjektiven und bildhafter Sprache kann dazu beitragen, eine emotionale Verbindung zum Produkt oder zur Marke herzustellen. Indem sie die Vorteile und positiven Auswirkungen des Produkts betonen, können Werbetreibende das Verlangen und die Begeisterung der Verbraucher wecken.

## DIE MACHT DER SOZIALEN BEWÄHRTHEIT

Ein weiterer wichtiger Aspekt der Überzeugungskraft in der Werbung ist die soziale Bewährtheit. Menschen neigen dazu, sich an anderen zu orientieren und ihr Verhalten zu beeinflussen. Werbetreibende nutzen diese Tatsache, indem sie positive Bewertungen, Testimonials oder Statistiken verwenden, um die Glaubwürdigkeit ihres Produkts zu unterstreichen.

Indem sie zeigen, dass andere Menschen das Produkt bereits nutzen und zufrieden sind, schaffen Werbetreibende ein Gefühl der Sicherheit und Vertrauenswürdigkeit. Dies kann potenzielle Kunden dazu ermutigen, das Produkt auszuprobieren und sich von den positiven Erfahrungen anderer beeinflussen zu lassen.

## DIE KUNST DER VERKNAPPUNG

Ein bewährtes Mittel, um die Überzeugungskraft in der Werbung zu steigern, ist die Verwendung von Verknappung. Menschen neigen dazu, Dinge mehr zu schätzen, wenn sie begrenzt sind oder nur für einen begrenzten Zeitraum verfügbar sind. Werbetreibende nutzen diese Tatsache, indem sie knappe Angebote oder zeitlich begrenzte Aktionen bewerben.

Indem sie den Eindruck erwecken, dass das Produkt nur für eine begrenzte Zeit oder in begrenzter Stückzahl verfügbar ist, schaffen Werbetreibende ein Gefühl der Dringlichkeit und des Exklusivitätsanspruchs. Dies kann potenzielle Kunden dazu motivieren, schnell zu handeln und das Produkt zu erwerben, bevor es vergriffen ist.

## DIE BEDEUTUNG VON STORYTELLING

Eine weitere effektive Methode, um die Überzeugungskraft in der Werbung zu steigern, ist die Verwendung von Storytelling. Geschichten haben die Kraft, Menschen zu fesseln und eine emotionale Verbindung herzustellen. Werbetreibende nutzen diese Tatsache, indem sie Geschichten erzählen, die das Produkt oder die Marke zum Leben erwecken.

Indem sie eine Geschichte erzählen, die die Bedürfnisse und Wünsche der Zielgruppe anspricht, können Werbetreibende eine tiefere Verbindung herstellen und das Interesse der Verbraucher wecken. Durch die Verwendung von Charakteren, Konflikten und Lösungen können sie die Aufmerksamkeit der Zielgruppe auf sich ziehen und ihre Botschaft effektiv vermitteln.

## DIE KRAFT DER VISUELLEN SPRACHE

Neben der verbalen Sprache spielt auch die visuelle Sprache eine entscheidende Rolle in der Werbung. Bilder, Farben und visuelle Elemente können eine starke emotionale Wirkung haben und die Überzeugungskraft einer Werbekampagne verstärken.

Werbetreibende nutzen die visuelle Sprache, um die Aufmerksamkeit der Zielgruppe zu erregen und ihre Botschaften auf den Punkt zu bringen. Durch die Verwendung von ansprechenden Bildern, attraktiven Designs und visuellen Metaphern können sie das Interesse der Verbraucher wecken und ihre Botschaften effektiv kommunizieren.

## DIE BEDEUTUNG VON WIEDERHOLUNG

Ein weiterer wichtiger Aspekt der Überzeugungskraft in der Werbung ist die Wiederholung. Menschen neigen dazu, sich an Dinge zu erinnern, die sie häufig sehen oder hören. Werbetreibende nutzen diese Tatsache, indem sie ihre Botschaften wiederholt präsentieren.

Durch die wiederholte Präsentation ihrer Botschaften können Werbetreibende das Bewusstsein und die Erinnerung der Zielgruppe steigern. Dies kann dazu führen, dass potenzielle Kunden das Produkt oder die Marke besser erkennen und sich eher daran erinnern, wenn sie eine Kaufentscheidung treffen.

## DIE BEDEUTUNG VON KONSISTENZ

Ein weiterer wichtiger Aspekt der Überzeugungskraft in der Werbung ist die Konsistenz. Menschen neigen dazu, konsistente Botschaften und Informationen zu bevorzugen. Werbetreibende nutzen diese Tatsache, indem sie ihre Botschaften und visuellen Elemente konsistent gestalten.

Durch die Verwendung von konsistenten Farben, Schriften, Logos und Slogans können Werbetreibende eine starke Markenidentität aufbauen und das Vertrauen der Verbraucher gewinnen. Konsistente Botschaften und visuelle Elemente können dazu beitragen, dass potenzielle Kunden das Produkt oder die Marke besser erkennen und sich mit ihr identifizieren.

## DIE BEDEUTUNG VON CALL-TO-ACTION

Ein entscheidender Aspekt der Überzeugungskraft in der Werbung ist der Call-to-Action. Menschen neigen dazu, aufgefordert zu werden, eine bestimmte Handlung auszuführen. Werbetreibende nutzen diese Tatsache, indem sie klare und überzeugende Handlungsaufforderungen in ihre Werbekampagnen integrieren.

Indem sie potenzielle Kunden dazu auffordern, das Produkt zu kaufen, sich anzumelden oder weitere Informationen anzufordern, können Werbetreibende die Wahrscheinlichkeit erhöhen, dass die Zielgruppe tatsächlich handelt. Ein gut gestalteter Call-to-Action kann potenzielle Kunden dazu motivieren, die gewünschte Handlung auszuführen und die gewünschten Ergebnisse zu erzielen.

## DIE BEDEUTUNG VON ZIELGRUPPENANALYSE

Ein weiterer wichtiger Aspekt der Überzeugungskraft in der Werbung ist die Zielgruppenanalyse. Werbetreibende müssen ihre Zielgruppe genau kennen und verstehen, um effektive Werbekampagnen zu entwickeln.

Indem sie die Bedürfnisse, Wünsche, Interessen und demografischen Merkmale ihrer Zielgruppe analysieren, können Werbetreibende ihre Botschaften und Kommunikationsstrategien gezielt anpassen. Eine gründliche Zielgruppenanalyse kann dazu beitragen, dass Werbekampagnen relevanter und ansprechender sind und die Überzeugungskraft erhöhen.

## DIE BEDEUTUNG VON MESSBARKEIT UND OPTIMIERUNG

Ein letzter wichtiger Aspekt der Überzeugungskraft in der Werbung ist die Messbarkeit und Optimierung. Werbetreibende müssen in der Lage sein, den Erfolg ihrer Werbekampagnen zu messen und zu analysieren, um ihre Effektivität zu verbessern.

Durch die Verwendung von Analysetools und die regelmäßige
Überprüfung der Leistung ihrer Werbekampagnen können
Werbetreibende wertvolle Erkenntnisse gewinnen und ihre
Strategien optimieren. Die kontinuierliche Verbesserung und
Anpassung der Werbekampagnen kann dazu beitragen, die
Überzeugungskraft zu steigern und bessere Ergebnisse zu erzielen.

In diesem Kapitel haben wir die verschiedenen Aspekte der
Überzeugungskraft in der Werbung untersucht. Von der
emotionalen Ansprache über die Verwendung von sozialer
Bewährtheit bis hin zur Bedeutung von Storytelling und visueller
Sprache gibt es viele Möglichkeiten.

# DIE SPRACHMACHT IM DIGITALEN ZEITALTER

## DIE BEDEUTUNG VON SPRACHE IN DER ONLINE-KOMMUNIKATION

Die digitale Revolution hat die Art und Weise, wie wir miteinander kommunizieren, grundlegend verändert. Insbesondere die Online-Kommunikation hat eine immense Bedeutung erlangt und ist zu einem integralen Bestandteil unseres täglichen Lebens geworden. In diesem Kapitel werden wir uns mit der Bedeutung von Sprache in der Online-Kommunikation auseinandersetzen und untersuchen, wie wir unsere Überzeugungskraft in diesem digitalen Zeitalter nutzen können.

### DIE HERAUSFORDERUNGEN DER ONLINE-KOMMUNIKATION

Die Online-Kommunikation bietet viele Vorteile, wie die Möglichkeit, mit Menschen auf der ganzen Welt in Kontakt zu treten und Informationen in Echtzeit auszutauschen. Gleichzeitig birgt sie jedoch auch Herausforderungen, die es zu bewältigen gilt. Eine dieser Herausforderungen ist die Einschränkung der nonverbalen Kommunikation. In der Online-Kommunikation fehlen uns die Gestik, Mimik und Körperhaltung, die in der persönlichen Interaktion eine wichtige Rolle spielen. Dadurch gehen uns wichtige Informationen verloren und Missverständnisse können entstehen.

Ein weiteres Problem ist die Anonymität, die das Internet bietet. Oftmals fühlen sich Menschen hinter dem Schutz eines Bildschirms mutiger und neigen dazu, Dinge zu sagen, die sie im persönlichen Gespräch nicht aussprechen würden. Dies kann zu einer rauen und respektlosen Kommunikationskultur führen, in der die Überzeugungskraft der Sprache oft verloren geht.

## DIE MACHT DER GESCHRIEBENEN SPRACHE

Trotz der Herausforderungen bietet die Online-Kommunikation auch viele Chancen, um Menschen zu überzeugen und zu beeinflussen. Die geschriebene Sprache hat nach wie vor eine immense Macht und kann Menschen auf emotionaler und intellektueller Ebene ansprechen. Durch die richtige Wortwahl, einen klaren Schreibstil und eine überzeugende Argumentation können wir die Leser dazu bringen, unsere Standpunkte zu verstehen und anzunehmen.

Es ist wichtig, sich bewusst zu sein, dass die geschriebene Sprache im Online-Kontext oft anders wahrgenommen wird als im persönlichen Gespräch. Menschen lesen Texte oft schnell und oberflächlich, daher ist es entscheidend, klare und prägnante Botschaften zu vermitteln. Lange und komplizierte Sätze können leicht missverstanden werden und die Aufmerksamkeit des Lesers verlieren.

## DIE BEDEUTUNG VON POSITIVER SPRACHE

In der Online-Kommunikation ist es besonders wichtig, eine positive Sprache zu verwenden. Positive Worte und Formulierungen können die Stimmung des Lesers beeinflussen und eine angenehme Atmosphäre schaffen. Indem wir positive Botschaften vermitteln und auf konstruktive Weise kommunizieren, können wir das Vertrauen der Leser gewinnen und sie dazu bringen, unsere Standpunkte zu akzeptieren.

Es ist auch wichtig, auf den Ton unserer Sprache zu achten. Eine freundliche und respektvolle Ausdrucksweise kann dazu beitragen, Konflikte zu vermeiden und eine positive Kommunikationskultur zu fördern. Vermeiden Sie aggressive oder beleidigende Sprache, da dies zu einer Eskalation führen kann und die Überzeugungskraft Ihrer Argumente beeinträchtigt.

## DIE KUNST DER KLAREN UND PRÄZISEN SPRACHE

In der Online-Kommunikation ist es von entscheidender Bedeutung, klare und präzise Sprache zu verwenden. Vermeiden Sie lange und umständliche Sätze, die den Leser verwirren könnten. Stattdessen sollten Sie kurze und prägnante Sätze verwenden, um Ihre Botschaften klar zu vermitteln.

Es ist auch wichtig, Fachjargon und komplizierte Begriffe zu vermeiden, es sei denn, Sie kommunizieren mit einem spezialisierten Publikum. Verwenden Sie stattdessen eine einfache und verständliche Sprache, um sicherzustellen, dass Ihre Botschaften von allen Lesern verstanden werden.

Darüber hinaus sollten Sie auf die Rechtschreibung und Grammatik achten. Fehlerhafte Texte können unprofessionell wirken und die Glaubwürdigkeit Ihrer Argumente beeinträchtigen. Nehmen Sie sich die Zeit, Ihre Texte sorgfältig zu überprüfen und gegebenenfalls Korrekturen vorzunehmen.

## DIE BEDEUTUNG VON EMOTICONS UND EMOJI

In der Online-Kommunikation haben sich Emoticons und Emoji als wichtige Kommunikationsmittel etabliert. Sie können dazu beitragen, Emotionen und Stimmungen zu vermitteln, die in der geschriebenen Sprache oft verloren gehen. Durch die Verwendung von Emoticons und Emoji können Sie Ihre Botschaften auflockern und eine persönlichere Verbindung zu Ihren Lesern herstellen.

Es ist jedoch wichtig, Emoticons und Emoji sparsam und angemessen einzusetzen. Übermäßige Verwendung kann unprofessionell wirken und die Ernsthaftigkeit Ihrer Botschaften beeinträchtigen. Verwenden Sie sie daher mit Bedacht und passen Sie sie dem Kontext Ihrer Kommunikation an.

Die Online-Kommunikation bietet uns viele Möglichkeiten, Menschen zu überzeugen und zu beeinflussen. Indem wir die Bedeutung von Sprache in der Online-Kommunikation verstehen und die richtigen Techniken anwenden, können wir unsere Überzeugungskraft stärken und unsere Ziele effektiv erreichen.

## DIE ÜBERZEUGUNGSKRAFT VON SOCIAL MEDIA

In der heutigen digitalen Welt spielt Social Media eine immer größere Rolle in unserem täglichen Leben. Plattformen wie Facebook, Instagram, Twitter und LinkedIn bieten uns die Möglichkeit, mit anderen Menschen zu kommunizieren, Informationen auszutauschen und unsere Meinungen zu teilen. Doch wie können wir die Sprachmacht von Social Media nutzen, um andere zu überzeugen und zu beeinflussen?

### DIE BEDEUTUNG DER RICHTIGEN WORTWAHL

Die Wahl der richtigen Worte ist entscheidend, um in den sozialen Medien überzeugend zu sein. Jeder Beitrag, den wir veröffentlichen, sollte gut durchdacht sein und eine klare Botschaft vermitteln. Es ist wichtig, präzise und verständliche Sätze zu verwenden, um Missverständnisse zu vermeiden. Außerdem sollten wir darauf achten, eine positive Sprache zu verwenden, um eine positive Stimmung zu erzeugen und andere zu motivieren.

### DIE KRAFT DER VISUELLEN ELEMENTE

In den sozialen Medien geht es nicht nur um Worte, sondern auch um visuelle Elemente. Bilder, Videos und Grafiken können eine starke Wirkung haben und unsere Botschaften verstärken. Wir sollten daher darauf achten, hochwertige und ansprechende visuelle Inhalte zu erstellen, die unsere Aussagen unterstützen und die Aufmerksamkeit der Nutzer auf sich ziehen.

## DIE KUNST DER STORYTELLING

Eine der effektivsten Möglichkeiten, um Menschen in den sozialen Medien zu überzeugen, ist die Kunst des Storytellings. Geschichten haben die Kraft, Emotionen zu wecken und eine Verbindung zu anderen herzustellen. Indem wir persönliche Geschichten teilen oder Beispiele aus dem echten Leben verwenden, können wir andere dazu bringen, sich mit uns zu identifizieren und unsere Perspektive zu verstehen.

## DIE BEDEUTUNG VON AUTHENTIZITÄT

In einer Welt, in der viele Menschen versuchen, sich in den sozialen Medien zu präsentieren, ist Authentizität ein entscheidender Faktor, um andere zu überzeugen. Indem wir ehrlich und transparent sind, können wir Vertrauen aufbauen und eine echte Verbindung zu unseren Followern herstellen. Es ist wichtig, unsere eigene Stimme zu finden und uns nicht zu verstellen, um anderen zu gefallen.

## DIE MACHT DER INTERAKTION

Social Media ist keine Einbahnstraße, sondern eine Plattform für den Austausch und die Interaktion. Um andere zu überzeugen, sollten wir aktiv auf Kommentare und Nachrichten reagieren, Fragen beantworten und Diskussionen anregen. Indem wir uns engagieren und auf die Bedürfnisse und Meinungen anderer eingehen, können wir eine starke Community aufbauen und andere von unseren Ideen überzeugen.

## DIE HERAUSFORDERUNGEN VON FAKE NEWS UND FILTERBLASEN

In den sozialen Medien sind wir mit einer Vielzahl von Informationen konfrontiert, von denen nicht alle wahr oder vertrauenswürdig sind. Fake News und Filterblasen stellen eine große Herausforderung dar, wenn es darum geht, andere zu überzeugen. Wir sollten daher kritisch sein und Informationen überprüfen, bevor wir sie teilen. Es ist wichtig, eine ausgewogene Sichtweise zu bewahren und verschiedene Perspektiven zu berücksichtigen.

## DIE VERANTWORTUNG ALS INFLUENCER

Wenn wir eine große Anzahl von Followern haben und als Influencer in den sozialen Medien agieren, tragen wir eine besondere Verantwortung. Wir sollten uns bewusst sein, dass unsere Worte und Handlungen eine große Wirkung haben können und andere Menschen beeinflussen können. Es ist wichtig, diese Verantwortung ernst zu nehmen und unsere Plattform verantwortungsbewusst zu nutzen, um positive Veränderungen zu bewirken.

## DIE GRENZEN DER ÜBERZEUGUNGSKRAFT

Obwohl wir in den sozialen Medien eine große Reichweite haben und viele Menschen erreichen können, gibt es auch Grenzen für unsere Überzeugungskraft. Nicht jeder wird von unseren Argumenten überzeugt sein, und das ist in Ordnung. Es ist wichtig, respektvoll mit anderen Meinungen umzugehen und zu akzeptieren, dass nicht jeder unsere Sichtweise teilen wird.

## DIE ETHISCHEN ASPEKTE VON SOCIAL MEDIA

Social Media hat auch ethische Aspekte, die wir berücksichtigen sollten. Wir sollten uns bewusst sein, dass unsere Worte und Handlungen Auswirkungen haben können und dass wir die Privatsphäre anderer respektieren sollten. Es ist wichtig, keine beleidigenden oder diskriminierenden Inhalte zu teilen und uns gegen Hass und Mobbing einzusetzen. Wir sollten uns für eine positive und respektvolle Online-Kultur einsetzen.

## DIE CHANCEN UND RISIKEN VON SOCIAL MEDIA

Social Media bietet uns viele Chancen, andere zu überzeugen und positive Veränderungen herbeizuführen. Gleichzeitig birgt es auch Risiken, wie den Verlust der Privatsphäre oder die Verbreitung von Fehlinformationen. Es ist wichtig, diese Chancen und Risiken abzuwägen und bewusst mit den sozialen Medien umzugehen, um ihre volle Überzeugungskraft zu nutzen.

In den sozialen Medien haben wir die Möglichkeit, Menschen auf der ganzen Welt zu erreichen und zu beeinflussen. Indem wir die Sprachmacht von Social Media verstehen und gezielt einsetzen, können wir andere überzeugen, inspirieren und positive Veränderungen bewirken. Es liegt an uns, diese Macht verantwortungsbewusst zu nutzen und eine positive Online-Kultur zu fördern.

## DIE SPRACHMACHT IN DER VIRTUELLEN REALITÄT

Die virtuelle Realität hat in den letzten Jahren einen enormen Aufschwung erlebt und ist zu einem integralen Bestandteil unseres digitalen Zeitalters geworden. Mit Hilfe von VR-Brillen und anderen technologischen Innovationen können wir in virtuelle Welten eintauchen und interagieren. Diese neue Form der Kommunikation bietet auch neue Möglichkeiten, die Sprachmacht zu nutzen und Menschen zu überzeugen.

### DIE IMMERSIVE KRAFT DER VIRTUELLEN REALITÄT

Die virtuelle Realität ermöglicht es uns, in eine vollständig immersive Umgebung einzutauchen, in der wir uns fühlen, als wären wir physisch an einem anderen Ort. Diese immersive Erfahrung eröffnet neue Wege, um Menschen zu beeinflussen und zu überzeugen. Durch die Verwendung von realistischen visuellen und auditiven Reizen können wir Emotionen und Empathie erzeugen, die es uns ermöglichen, eine tiefere Verbindung zu unserem Publikum herzustellen.

## DIE MACHT DER SPRACHE IN VIRTUELLEN WELTEN

In virtuellen Welten spielt die Sprache eine entscheidende Rolle bei der Kommunikation und Interaktion mit anderen Benutzern. Durch die Wahl der richtigen Worte können wir unsere Botschaften klar und überzeugend vermitteln. Die Sprache in der virtuellen Realität kann sowohl mündlich als auch schriftlich sein, je nachdem, wie die Kommunikation in der jeweiligen virtuellen Umgebung stattfindet.

## DIE ANWENDUNG VON SPRACHMACHT IN VIRTUELLEN SZENARIEN

Die Sprachmacht in der virtuellen Realität kann in verschiedenen Szenarien angewendet werden. Zum Beispiel können Unternehmen virtuelle Präsentationen nutzen, um potenzielle Kunden von ihren Produkten oder Dienstleistungen zu überzeugen. Durch die Verwendung überzeugender Sprache und die Darstellung von realistischen Szenarien können sie das Interesse und die Begeisterung der Zuschauer wecken.

Auch in der Bildung kann die Sprachmacht in der virtuellen Realität eingesetzt werden, um komplexe Konzepte verständlich zu erklären und das Lernen zu erleichtern. Durch die Verwendung von interaktiven Lernumgebungen und virtuellen Simulationen können Schüler und Studenten aktiv in den Lernprozess einbezogen werden und ihr Verständnis vertiefen.

## DIE HERAUSFORDERUNGEN DER SPRACHMACHT IN DER VIRTUELLEN REALITÄT

Obwohl die virtuelle Realität viele Möglichkeiten bietet, die Sprachmacht zu nutzen, gibt es auch Herausforderungen, die es zu bewältigen gilt. Eine davon ist die Tatsache, dass die Kommunikation in virtuellen Welten oft anonym und distanziert ist. Dies kann dazu führen, dass Menschen weniger vorsichtig mit ihrer Sprache umgehen und möglicherweise negative Auswirkungen auf andere haben.

Ein weiteres Problem ist die potenzielle Manipulation durch virtuelle Realität. Da die virtuelle Realität so realistisch ist, können Menschen leicht getäuscht und manipuliert werden. Es ist daher wichtig, dass wir uns bewusst sind, wie die Sprachmacht in virtuellen Umgebungen eingesetzt wird und dass wir kritisch hinterfragen, was uns präsentiert wird.

## DIE VERANTWORTUNG DES SPRECHERS IN DER VIRTUELLEN REALITÄT

Als Sprecher in der virtuellen Realität tragen wir eine große Verantwortung. Wir müssen uns bewusst sein, wie unsere Worte und Handlungen andere beeinflussen können. Es ist wichtig, dass wir unsere Sprache sorgfältig wählen und darauf achten, dass wir keine falschen Informationen verbreiten oder Menschen manipulieren.

Darüber hinaus sollten wir uns auch der ethischen Aspekte bewusst sein, die mit der Nutzung der Sprachmacht in der virtuellen Realität einhergehen. Wir sollten uns fragen, ob unsere Absichten und Handlungen im Einklang mit unseren Werten und moralischen Prinzipien stehen.

## DIE ZUKUNFT DER SPRACHMACHT IN DER VIRTUELLEN REALITÄT

Die virtuelle Realität entwickelt sich ständig weiter und bietet immer neue Möglichkeiten, die Sprachmacht zu nutzen. In Zukunft könnten wir noch realistischere und immersive virtuelle Welten erleben, die es uns ermöglichen, noch stärkere Verbindungen zu anderen Menschen herzustellen.

Es ist wichtig, dass wir uns dieser Entwicklungen bewusst sind und uns darauf vorbereiten, die Sprachmacht in der virtuellen Realität verantwortungsbewusst und ethisch einzusetzen. Indem wir unsere Sprache bewusst einsetzen und uns der Auswirkungen unserer Worte bewusst sind, können wir die virtuelle Realität zu einem Ort machen, an dem wir Menschen überzeugen und beeinflussen, aber auch respektieren und unterstützen.

## DIE HERAUSFORDERUNGEN DER DIGITALEN SPRACHMACHT

Die digitale Revolution hat die Art und Weise, wie wir kommunizieren, grundlegend verändert. Mit dem Aufkommen des Internets und der sozialen Medien haben wir nun die Möglichkeit, unsere Botschaften in Sekundenschnelle an ein globales Publikum zu senden. Doch diese neue Form der Kommunikation bringt auch Herausforderungen mit sich, insbesondere im Hinblick auf die Sprachmacht.

### DIE FLUT AN INFORMATIONEN

In der digitalen Welt sind wir mit einer unendlichen Menge an Informationen konfrontiert. Jeder kann seine Meinung frei äußern und Inhalte veröffentlichen. Dadurch wird es immer schwieriger, zwischen wahr und falsch, relevant und irrelevant zu unterscheiden. Als Leser oder Zuhörer müssen wir lernen, kritisch zu denken und Informationen zu hinterfragen. Wir sollten uns nicht blind von schönen Worten und überzeugenden Argumenten beeinflussen lassen, sondern stets nach Fakten und Quellen suchen.

### DIE VERBREITUNG VON FAKE NEWS

Eine der größten Herausforderungen der digitalen Sprachmacht ist die Verbreitung von Fake News. Durch die Anonymität des Internets und die Möglichkeit, Inhalte schnell und einfach zu teilen, können falsche Informationen sich rasend schnell verbreiten und großen Schaden anrichten. Es ist daher wichtig, dass wir als Nutzerinnen und Nutzer kritisch bleiben und Fake News erkennen. Wir sollten uns nicht nur auf eine einzige Quelle verlassen, sondern verschiedene Perspektiven einholen und Informationen überprüfen, bevor wir sie weiterverbreiten.

## DIE GEFAHR DER FILTERBLASE

In den sozialen Medien werden uns Inhalte basierend auf unseren Vorlieben und Interessen präsentiert. Dadurch entsteht die Gefahr, dass wir uns in einer Filterblase befinden und nur noch mit Meinungen und Informationen konfrontiert werden, die unsere eigenen Ansichten bestätigen. Dies kann dazu führen, dass wir uns in unserer Meinung bestärkt fühlen, ohne andere Perspektiven zu berücksichtigen. Um dieser Herausforderung der digitalen Sprachmacht entgegenzuwirken, sollten wir bewusst nach unterschiedlichen Standpunkten suchen und uns mit anderen Meinungen auseinandersetzen.

## DIE ANONYMITÄT IM INTERNET

Die Anonymität im Internet ermöglicht es Menschen, sich hinter einem Pseudonym zu verstecken und ungestraft beleidigende oder diffamierende Kommentare zu veröffentlichen. Diese Form der digitalen Sprachmacht kann zu Cybermobbing und Hassrede führen. Es ist wichtig, dass wir uns als Gesellschaft gegen solche Formen der Kommunikation stellen und für einen respektvollen Umgang miteinander einstehen. Wir sollten uns bewusst sein, dass unsere Worte im digitalen Raum genauso viel Macht haben wie im realen Leben und dass wir Verantwortung für das tragen, was wir sagen.

## DIE SCHNELLLEBIGKEIT DER DIGITALEN KOMMUNIKATION

In der digitalen Welt werden Informationen in Echtzeit ausgetauscht. Nachrichten verbreiten sich viral und Trends kommen und gehen in kürzester Zeit. Diese Schnelllebigkeit stellt eine Herausforderung für die digitale Sprachmacht dar. Um in diesem Umfeld gehört zu werden, müssen wir unsere Botschaften prägnant und ansprechend formulieren. Wir müssen lernen, uns auf das Wesentliche zu konzentrieren und unsere Worte gezielt einzusetzen, um die Aufmerksamkeit unseres Publikums zu gewinnen.

## DIE ÜBERFLUTUNG MIT WERBUNG

Das Internet ist ein Ort der Werbung. Überall werden uns Produkte und Dienstleistungen angepriesen. Die digitale Sprachmacht wird oft von Unternehmen genutzt, um uns zum Kauf zu bewegen. Wir werden mit verlockenden Angeboten und überzeugenden Argumenten bombardiert. Um dieser Herausforderung zu begegnen, sollten wir uns bewusst machen, dass Werbung manipulativ sein kann und nicht immer objektive Informationen liefert. Wir sollten unsere Kaufentscheidungen nicht allein aufgrund von Werbebotschaften treffen, sondern kritisch hinterfragen und recherchieren.

## DIE PRIVATSPHÄRE IM DIGITALEN ZEITALTER

Die digitale Sprachmacht hat auch Auswirkungen auf unsere Privatsphäre. Durch die Nutzung von sozialen Medien und anderen Online-Plattformen geben wir oft mehr von uns preis, als uns bewusst ist. Unsere Worte und Handlungen können für immer im Internet gespeichert werden und von anderen gegen uns verwendet werden. Es ist wichtig, dass wir uns bewusst sind, welche Informationen wir teilen und welche Auswirkungen dies haben kann. Wir sollten unsere Privatsphäre schützen und verantwortungsbewusst mit unseren digitalen Spuren umgehen.

## DIE AUSWIRKUNGEN AUF DIE ZWISCHENMENSCHLICHE KOMMUNIKATION

Die digitale Sprachmacht hat auch Auswirkungen auf die Art und Weise, wie wir miteinander kommunizieren. Durch die Nutzung von Textnachrichten und E-Mails gehen oft wichtige nonverbale Signale verloren. Missverständnisse können entstehen und Konflikte können sich verschärfen. Es ist wichtig, dass wir uns bewusst sind, dass digitale Kommunikation ihre Grenzen hat und dass persönliche Gespräche und direkter Kontakt weiterhin von großer Bedeutung sind. Wir sollten uns bemühen, unsere Sprache und unseren Tonfall in der digitalen Kommunikation sorgfältig zu wählen, um Missverständnisse zu vermeiden.

## DIE VERÄNDERUNG DER SPRACHE

Die digitale Sprachmacht hat auch Auswirkungen auf die Sprache selbst. Durch die Verwendung von Abkürzungen, Emojis und Internet-Slang entwickelt sich eine neue Form der Kommunikation. Die Sprache wird schneller, informeller und kürzer. Dies kann zu einer Verarmung der Sprache führen und die Fähigkeit zur differenzierten und nuancierten Kommunikation beeinträchtigen. Es ist wichtig, dass wir uns bewusst sind, wie sich unsere Sprache verändert und dass wir weiterhin Wert auf eine klare und präzise Ausdrucksweise legen.

## DIE CHANCEN DER DIGITALEN SPRACHMACHT

Trotz der Herausforderungen bietet die digitale Sprachmacht auch viele Chancen. Wir haben die Möglichkeit, unsere Botschaften an ein breites Publikum zu senden und Menschen auf der ganzen Welt zu erreichen. Wir können uns vernetzen, Informationen teilen und uns für eine gute Sache einsetzen. Die digitale Sprachmacht kann genutzt werden, um positive Veränderungen herbeizuführen und die Welt zu einem besseren Ort zu machen. Es liegt an uns, diese Chancen zu erkennen und verantwortungsbewusst zu nutzen.

Die digitale Sprachmacht stellt uns vor neue Herausforderungen, aber auch vor neue Möglichkeiten. Indem wir uns bewusst mit diesen Herausforderungen auseinandersetzen und unsere Sprache gezielt einsetzen, können wir die digitale Sprachmacht für uns nutzen und unsere Botschaften erfolgreich vermitteln.

# DIE ETHISCHEN ASPEKTE DER SPRACHMACHT

## DIE VERANTWORTUNG DES SPRECHERS

Die Macht der Sprache ist ein beeindruckendes Werkzeug, das uns in die Lage versetzt, andere Menschen zu beeinflussen und zu überzeugen. Doch mit dieser Macht kommt auch eine große Verantwortung. Als Sprecher tragen wir die Verantwortung dafür, wie wir unsere Worte wählen und wie wir sie einsetzen. In diesem Kapitel werden wir uns mit der Verantwortung des Sprechers auseinandersetzen und die ethischen Aspekte der Sprachmacht beleuchten.

### DIE WIRKUNG UNSERER WORTE

Jedes Wort, das wir aussprechen, hat eine Wirkung auf unser Gegenüber. Es kann positive Emotionen hervorrufen, Vertrauen aufbauen und Menschen motivieren. Gleichzeitig können unsere Worte aber auch negative Gefühle auslösen, Zweifel säen und Misstrauen erzeugen. Als Sprecher ist es unsere Verantwortung, uns bewusst zu sein, wie unsere Worte auf andere wirken und welche Auswirkungen sie haben können.

### DIE BEDEUTUNG VON EHRLICHKEIT UND AUTHENTIZITÄT

Als Sprecher sollten wir stets ehrlich und authentisch sein. Wenn wir versuchen, andere Menschen durch Manipulation oder Täuschung zu überzeugen, verlieren wir nicht nur ihre Achtung, sondern auch unsere eigene Glaubwürdigkeit. Es ist wichtig, dass wir unsere Worte mit Überzeugung und aus tiefster Überzeugung sprechen. Nur so können wir das Vertrauen unserer Zuhörer gewinnen und sie von unseren Ideen überzeugen.

## DIE VERMEIDUNG VON MANIPULATION

Manipulation ist ein mächtiges Werkzeug, das jedoch mit großer
Vorsicht eingesetzt werden sollte. Als Sprecher sollten wir uns
bewusst sein, dass Manipulation das Vertrauen unserer Zuhörer
untergraben kann. Es ist wichtig, dass wir unsere
Überzeugungskraft auf ehrliche und transparente Weise einsetzen.
Indem wir unsere Argumente klar und verständlich präsentieren
und auf Manipulationstaktiken verzichten, können wir das
Vertrauen unserer Zuhörer stärken und sie von unseren Ideen
überzeugen.

## DIE VERANTWORTUNG GEGENÜBER DER GESELLSCHAFT

Als Sprecher tragen wir nicht nur eine Verantwortung gegenüber
unseren direkten Zuhörern, sondern auch gegenüber der
Gesellschaft als Ganzes. Unsere Worte haben die Kraft, soziale
Normen zu beeinflussen und gesellschaftliche Veränderungen
herbeizuführen. Es ist wichtig, dass wir uns dieser Verantwortung
bewusst sind und unsere Sprachmacht für das Gute einsetzen.
Indem wir positive Botschaften verbreiten, Diskriminierung
bekämpfen und für Gerechtigkeit eintreten, können wir einen
positiven Beitrag zur Gesellschaft leisten.

## DIE VERANTWORTUNG GEGENÜBER UNS SELBST

Neben der Verantwortung gegenüber anderen tragen wir auch eine
Verantwortung gegenüber uns selbst. Indem wir unsere
Sprachmacht verantwortungsbewusst einsetzen, können wir unser
eigenes Selbstwertgefühl stärken und ein positives Selbstbild
aufbauen. Es ist wichtig, dass wir uns bewusst sind, wie unsere
Worte uns selbst beeinflussen und wie sie unsere Beziehungen zu
anderen Menschen prägen. Indem wir unsere Sprache bewusst
wählen und auf positive Kommunikation setzen, können wir unser
eigenes Wohlbefinden steigern und ein erfülltes Leben führen.

## DIE VERANTWORTUNG GEGENÜBER DER WAHRHEIT

Als Sprecher tragen wir auch eine Verantwortung gegenüber der Wahrheit. Es ist wichtig, dass wir uns bemühen, die Fakten zu präsentieren und uns von Fehlinformationen und Halbwahrheiten distanzieren. Indem wir uns auf verlässliche Quellen stützen und unsere Aussagen sorgfältig überprüfen, können wir das Vertrauen unserer Zuhörer gewinnen und sie von der Richtigkeit unserer Argumente überzeugen. Die Wahrheit ist ein mächtiges Werkzeug, das uns dabei hilft, unsere Überzeugungskraft auf eine solide Grundlage zu stellen.

## DIE VERANTWORTUNG GEGENÜBER DER VIELFALT

In einer vielfältigen Gesellschaft ist es wichtig, dass wir als Sprecher die Verantwortung tragen, die Vielfalt zu respektieren und zu fördern. Indem wir auf inklusive Sprache achten und uns bewusst sind, wie unsere Worte verschiedene Menschen ansprechen können, können wir eine Atmosphäre des Respekts und der Toleranz schaffen. Es ist wichtig, dass wir uns bemühen, niemanden auszuschließen oder zu diskriminieren und stattdessen eine Sprache verwenden, die alle Menschen einbezieht und wertschätzt.

## DIE VERANTWORTUNG GEGENÜBER DER ZUKUNFT

Als Sprecher tragen wir auch eine Verantwortung gegenüber zukünftigen Generationen. Indem wir unsere Sprachmacht für das Gute einsetzen und uns für eine nachhaltige und gerechte Zukunft einsetzen, können wir einen positiven Einfluss auf kommende Generationen haben. Es ist wichtig, dass wir uns bewusst sind, wie unsere Worte die Welt von morgen prägen können und dass wir uns für eine bessere Zukunft einsetzen.

## DIE VERANTWORTUNG GEGENÜBER UNS SELBST

Als Sprecher tragen wir auch eine Verantwortung gegenüber uns selbst. Indem wir unsere Sprachmacht verantwortungsbewusst einsetzen, können wir unser eigenes Selbstwertgefühl stärken und ein positives Selbstbild aufbauen. Es ist wichtig, dass wir uns bewusst sind, wie unsere Worte uns selbst beeinflussen und wie sie unsere Beziehungen zu anderen Menschen prägen. Indem wir unsere Sprache bewusst wählen und auf positive Kommunikation setzen, können wir unser eigenes Wohlbefinden steigern und ein erfülltes Leben führen.

## DIE VERANTWORTUNG GEGENÜBER DER WAHRHEIT

Als Sprecher tragen wir auch eine Verantwortung gegenüber der Wahrheit. Es ist wichtig, dass wir uns bemühen, die Fakten zu präsentieren und uns von Fehlinformationen und Halbwahrheiten distanzieren. Indem wir uns auf verlässliche Quellen stützen und unsere Aussagen sorgfältig überprüfen, können wir das Vertrauen unserer Zuhörer gewinnen und sie von der Richtigkeit unserer Argumente überzeugen. Die Wahrheit ist ein mächtiges Werkzeug, das uns dabei hilft, unsere Überzeugungskraft auf eine solide Grundlage zu stellen.

In diesem Kapitel haben wir die Verantwortung des Sprechers beleuchtet und die ethischen Aspekte der Sprachmacht betrachtet. Als Sprecher tragen wir eine große Verantwortung dafür, wie wir unsere Worte wählen und wie wir sie einsetzen. Indem wir uns bewusst sind, wie unsere Worte auf andere wirken und welche Auswirkungen sie haben können, können wir unsere Sprachmacht verantwortungsbewusst einsetzen und einen positiven Einfluss auf die Welt um uns herum haben.

# DIE GRENZEN DER ÜBERZEUGUNGSKRAFT

Die Überzeugungskraft der Sprache ist zweifellos ein mächtiges Werkzeug, das uns ermöglicht, andere Menschen zu beeinflussen und unsere Ziele zu erreichen. Doch wie bei jedem Werkzeug gibt es auch bei der Sprachmacht Grenzen, die wir beachten sollten. In diesem Abschnitt werden wir uns mit den Grenzen der Überzeugungskraft auseinandersetzen und die ethischen Aspekte der Sprachmacht beleuchten.

## DIE BEDEUTUNG VON AUTHENTIZITÄT

Eine der wichtigsten Grenzen der Überzeugungskraft liegt in der Authentizität. Menschen haben ein feines Gespür dafür, ob jemand aufrichtig ist oder versucht, sie zu manipulieren. Wenn wir versuchen, andere durch unsere Sprache zu beeinflussen, ist es von entscheidender Bedeutung, dass wir dabei authentisch bleiben. Wenn wir versuchen, eine Fassade aufrechtzuerhalten oder uns als jemand ausgeben, der wir nicht sind, wird dies früher oder später entlarvt und unsere Glaubwürdigkeit wird darunter leiden.

## DIE WICHTIGKEIT VON RESPEKT UND EMPATHIE

Ein weiterer wichtiger Aspekt, der die Grenzen der Überzeugungskraft definiert, ist der Respekt und die Empathie gegenüber anderen Menschen. Wenn wir versuchen, andere zu überzeugen, sollten wir ihre Meinungen und Bedürfnisse respektieren und einfühlsam auf sie eingehen. Wenn wir hingegen versuchen, andere zu manipulieren oder ihre Gefühle zu ignorieren, werden wir schnell an unsere Grenzen stoßen und unsere Überzeugungskraft wird erheblich geschwächt.

## DIE GEFAHR DER MANIPULATION

Die Sprachmacht kann auch zur Manipulation eingesetzt werden, um andere Menschen zu täuschen oder zu kontrollieren. Es ist wichtig, sich bewusst zu sein, dass die Manipulation durch Sprache ethisch fragwürdig ist und langfristig negative Auswirkungen haben kann. Wenn wir versuchen, andere Menschen zu manipulieren, verletzen wir ihre Autonomie und Integrität. Es ist daher von großer Bedeutung, dass wir unsere Überzeugungskraft verantwortungsbewusst einsetzen und uns stets der möglichen Konsequenzen bewusst sind.

## DIE GRENZEN DER ÜBERZEUGUNGSKRAFT IN DER PRAXIS

In der Praxis gibt es auch bestimmte Situationen, in denen die Überzeugungskraft der Sprache an ihre Grenzen stößt. Zum Beispiel können tief verwurzelte Überzeugungen oder Vorurteile bei anderen Menschen dazu führen, dass sie für unsere Argumente unzugänglich sind. In solchen Fällen ist es wichtig, unsere Erwartungen anzupassen und zu akzeptieren, dass wir nicht immer in der Lage sein werden, andere zu überzeugen.

Darüber hinaus können auch emotionale Faktoren die Grenzen der Überzeugungskraft beeinflussen. Wenn Menschen in einer emotional aufgeladenen Situation sind, können sie weniger empfänglich für rationale Argumente sein. In solchen Momenten ist es oft sinnvoller, auf Empathie und emotionale Unterstützung zu setzen, anstatt mit logischen Argumenten zu überzeugen.

## DIE VERANTWORTUNG DES SPRECHERS

Als Sprecher tragen wir eine große Verantwortung für die Auswirkungen unserer Worte. Wir sollten uns bewusst sein, dass unsere Sprache das Potenzial hat, andere Menschen zu beeinflussen und zu prägen. Daher sollten wir unsere Überzeugungskraft mit Bedacht einsetzen und sicherstellen, dass wir keine falschen Versprechungen machen oder andere Menschen bewusst täuschen.

Es ist auch wichtig, dass wir uns unserer eigenen Vorurteile und Voreingenommenheiten bewusst sind und versuchen, diese zu überwinden. Indem wir unsere eigene Sprache reflektieren und uns für eine inklusive und respektvolle Kommunikation einsetzen, können wir dazu beitragen, eine positive und unterstützende Umgebung zu schaffen.

## DIE GRENZEN DER SPRACHMACHT RESPEKTIEREN

Die Grenzen der Überzeugungskraft zu respektieren bedeutet auch, die Entscheidungen und Meinungen anderer Menschen zu akzeptieren. Wir können nicht erwarten, dass wir immer erfolgreich sind, wenn wir versuchen, andere zu überzeugen. Jeder Mensch hat das Recht auf seine eigene Meinung und es ist wichtig, dies zu respektieren, auch wenn wir anderer Meinung sind.

Es ist auch wichtig anzuerkennen, dass die Sprachmacht nicht das einzige Mittel ist, um andere Menschen zu beeinflussen. Es gibt viele andere Faktoren, die eine Rolle spielen, wie zum Beispiel die persönlichen Erfahrungen, Werte und Überzeugungen einer Person. Indem wir dies akzeptieren, können wir unsere Überzeugungskraft realistisch einschätzen und unsere Erwartungen entsprechend anpassen.

Insgesamt ist es wichtig, dass wir die Grenzen der Überzeugungskraft verstehen und respektieren. Indem wir authentisch bleiben, Respekt und Empathie zeigen und uns der Gefahr der Manipulation bewusst sind, können wir unsere Sprachmacht verantwortungsbewusst einsetzen und positive Veränderungen bewirken.

# DIE MANIPULATION DURCH SPRACHE ERKENNEN

Die Macht der Sprache ist zweifellos beeindruckend. Sie kann Menschen bewegen, inspirieren und überzeugen. Doch wie bei jeder Macht besteht auch die Gefahr des Missbrauchs. In diesem Kapitel werden wir uns mit der Manipulation durch Sprache auseinandersetzen und lernen, sie zu erkennen.

## DIE TÄUSCHUNG DURCH SUGGESTIVE SPRACHE

Ein effektives Mittel zur Manipulation ist die Verwendung suggestiver Sprache. Durch geschickte Wortwahl und Formulierungen können Menschen dazu gebracht werden, bestimmte Handlungen auszuführen oder bestimmte Meinungen zu akzeptieren, ohne dass sie sich dessen bewusst sind. Suggestive Sprache zielt darauf ab, Emotionen zu wecken und das rationale Denken zu umgehen. Indem sie Ängste, Hoffnungen oder Vorurteile anspricht, kann sie Menschen dazu bringen, Dinge zu tun oder zu glauben, die sie sonst nicht tun oder glauben würden.

## DIE MANIPULATION DURCH FRAMING

Eine weitere Form der Manipulation durch Sprache ist das Framing. Beim Framing geht es darum, die Wahrnehmung eines Themas oder einer Situation durch die Wahl bestimmter Worte oder Begriffe zu beeinflussen. Indem man eine bestimmte Perspektive oder Interpretation vorgibt, kann man die Meinung anderer Menschen lenken. Framing kann sowohl bewusst als auch unbewusst eingesetzt werden und findet sich in verschiedenen Bereichen wie Politik, Werbung und Medien.

## DIE VERWENDUNG VON RHETORISCHEN TRICKS

Rhetorische Tricks sind eine weitere Methode der Manipulation durch Sprache. Sie beziehen sich auf den geschickten Einsatz von sprachlichen Mitteln, um die Überzeugungskraft zu erhöhen.

Beispiele für rhetorische Tricks sind die Verwendung von Übertreibungen, um eine Aussage dramatischer wirken zu lassen, oder die Verwendung von rhetorischen Fragen, um den Leser oder Zuhörer in eine bestimmte Richtung zu lenken. Es ist wichtig, diese Tricks zu erkennen, um nicht ungewollt manipuliert zu werden.

## DIE ROLLE DER EMOTIONEN IN DER MANIPULATION

Emotionen spielen eine entscheidende Rolle bei der Manipulation durch Sprache. Indem man gezielt Emotionen anspricht, kann man Menschen dazu bringen, irrational zu handeln oder bestimmte Entscheidungen zu treffen. Manipulative Sprache zielt oft darauf ab, Angst, Wut oder Begeisterung zu erzeugen, um das rationale Denken auszuschalten. Es ist wichtig, sich dieser emotionalen Manipulation bewusst zu sein und kritisch zu hinterfragen, ob die eigenen Emotionen wirklich auf rationalen Argumenten basieren.

## DIE VERZERRUNG VON FAKTEN UND STATISTIKEN

Eine weitere Methode der Manipulation durch Sprache ist die Verzerrung von Fakten und Statistiken. Indem man selektiv Informationen präsentiert oder diese in einer bestimmten Weise interpretiert, kann man die Wahrnehmung und Meinung anderer Menschen beeinflussen. Es ist wichtig, kritisch zu hinterfragen, ob die präsentierten Fakten und Statistiken wirklich objektiv und aussagekräftig sind.

## DIE MANIPULATION DURCH SUGGESTIVE BILDER UND METAPHERN

Neben der verbalen Sprache können auch Bilder und Metaphern zur Manipulation eingesetzt werden. Durch die Verwendung bestimmter Bilder oder Metaphern kann man bestimmte Assoziationen und Emotionen hervorrufen und so die Meinung anderer Menschen beeinflussen. Es ist wichtig, sich bewusst zu sein, wie Bilder und Metaphern verwendet werden, um nicht ungewollt manipuliert zu werden.

## DIE MANIPULATION IN DER WERBUNG

Die Werbung ist ein Bereich, in dem Manipulation durch Sprache allgegenwärtig ist. Durch die Verwendung von suggestiver Sprache, Framing und anderen manipulativen Techniken versuchen Werbetreibende, die Konsumenten dazu zu bringen, ihre Produkte zu kaufen. Es ist wichtig, die Werbung kritisch zu hinterfragen und sich bewusst zu sein, wie sie versucht, unsere Meinungen und Entscheidungen zu beeinflussen.

## DIE MANIPULATION IN DER POLITIK

Auch in der Politik wird Sprache oft manipulativ eingesetzt. Politiker verwenden Framing, suggestive Sprache und andere rhetorische Tricks, um die öffentliche Meinung zu beeinflussen und ihre eigenen Ziele zu erreichen. Es ist wichtig, die politische Sprache kritisch zu hinterfragen und sich bewusst zu sein, wie sie versucht, unsere Meinungen und Entscheidungen zu beeinflussen.

## DIE MANIPULATION IN DEN MEDIEN

Die Medien spielen eine wichtige Rolle bei der Verbreitung von Informationen und Meinungen. Allerdings können auch sie manipulativ sein. Durch die Auswahl bestimmter Informationen, die Verwendung suggestiver Sprache oder die Verzerrung von Fakten können die Medien die öffentliche Meinung beeinflussen. Es ist wichtig, die Medien kritisch zu hinterfragen und verschiedene Quellen zu nutzen, um sich ein umfassendes Bild zu machen.

## DIE MANIPULATION DURCH SPRACHE ERKENNEN UND WIDERSTEHEN

Die Manipulation durch Sprache zu erkennen ist der erste Schritt, um ihr zu widerstehen. Indem man sich bewusst macht, wie Sprache manipulativ eingesetzt werden kann, kann man kritischer und reflektierter mit Informationen umgehen. Es ist wichtig, sich nicht blind von suggestiver Sprache, Framing oder anderen manipulativen Techniken beeinflussen zu lassen, sondern seine eigenen Entscheidungen auf der Grundlage von Fakten und rationalen Argumenten zu treffen.

Die Sprachmacht kann sowohl für das Gute als auch für das Schlechte eingesetzt werden. Es liegt an uns, sie verantwortungsvoll zu nutzen und Manipulation zu erkennen und zu widerstehen. In Kapitel 9.4 werden wir uns damit beschäftigen, wie wir die Sprachmacht für das Gute einsetzen können.

## DIE SPRACHMACHT FÜR DAS GUTE NUTZEN

Die Sprachmacht ist ein mächtiges Werkzeug, das sowohl positive als auch negative Auswirkungen haben kann. In diesem Kapitel werden wir uns darauf konzentrieren, wie wir die Sprachmacht für das Gute nutzen können. Es geht darum, unsere Überzeugungskraft einzusetzen, um positive Veränderungen in unserem Leben und in der Welt um uns herum zu bewirken.

### DIE KRAFT DER POSITIVEN SPRACHE

Positive Sprache hat eine erstaunliche Wirkung auf uns und auf andere. Indem wir positive Worte und Sätze verwenden, können wir eine Atmosphäre des Vertrauens und der Motivation schaffen. Menschen fühlen sich von positiver Sprache angezogen und sind eher bereit, unseren Ideen und Vorschlägen zuzustimmen. Indem

wir positive Worte wählen, können wir andere ermutigen, ihr
volles Potenzial auszuschöpfen und ihr Selbstvertrauen zu stärken.

## DIE BEDEUTUNG VON EMPATHIE UND MITGEFÜHL

Um die Sprachmacht für das Gute zu nutzen, ist es wichtig,
Empathie und Mitgefühl in unsere Kommunikation einzubringen.
Indem wir uns in die Lage anderer Menschen versetzen und ihre
Perspektive verstehen, können wir unsere Worte und Sätze so
wählen, dass sie einfühlsam und unterstützend sind. Durch
empathische Kommunikation können wir Beziehungen stärken,
Konflikte lösen und positive Veränderungen in der Gesellschaft
fördern.

## DIE KRAFT DER INSPIRATION

Inspirierende Worte haben die Fähigkeit, Menschen zu motivieren
und zu begeistern. Indem wir inspirierende Geschichten erzählen
und positive Beispiele teilen, können wir andere dazu ermutigen,
ihre Träume zu verfolgen und ihr Bestes zu geben. Inspirierende
Sprache kann Menschen dazu bringen, über sich selbst
hinauszuwachsen und ihr volles Potenzial zu entfalten. Nutzen wir
die Sprachmacht, um andere zu inspirieren und positive
Veränderungen anzustoßen.

## DIE BEDEUTUNG VON AUTHENTIZITÄT UND EHRLICHKEIT

Um die Sprachmacht für das Gute zu nutzen, ist es wichtig,
authentisch und ehrlich zu sein. Menschen spüren, ob unsere Worte
aufrichtig sind oder nicht. Indem wir unsere Worte mit unseren
Taten in Einklang bringen und unsere Überzeugungen klar
kommunizieren, gewinnen wir das Vertrauen anderer. Durch
ehrliche und authentische Kommunikation können wir
Beziehungen aufbauen, Vertrauen schaffen und positive
Veränderungen bewirken.

## DIE VERANTWORTUNG DES SPRECHERS

Als Sprecher tragen wir eine große Verantwortung für die
Auswirkungen unserer Worte. Wir sollten uns bewusst sein, dass
unsere Sprache die Gedanken, Gefühle und Handlungen anderer
Menschen beeinflussen kann. Daher ist es wichtig, unsere Worte
sorgfältig zu wählen und die möglichen Auswirkungen zu
bedenken. Indem wir die Sprachmacht verantwortungsbewusst
einsetzen, können wir positive Veränderungen in der Welt
bewirken.

## DIE SPRACHMACHT IN DER GEMEINSCHAFT

Die Sprachmacht kann nicht nur auf individueller Ebene genutzt
werden, sondern auch in der Gemeinschaft. Indem wir unsere
Stimmen vereinen und gemeinsam für positive Veränderungen
eintreten, können wir eine starke Kraft des Wandels sein. Durch
den Einsatz von überzeugender Sprache können wir andere dazu
ermutigen, sich uns anzuschließen und gemeinsam für eine bessere
Welt einzutreten.

## DIE SPRACHMACHT IM BILDUNGSWESEN

Im Bildungswesen spielt die Sprachmacht eine entscheidende
Rolle. Lehrer und Dozenten haben die Möglichkeit, Schüler und
Studenten zu inspirieren, zu motivieren und zu ermutigen. Durch
den Einsatz von überzeugender Sprache können sie das Interesse
der Lernenden wecken und ihnen helfen, ihr volles Potenzial
auszuschöpfen. Die Sprachmacht im Bildungswesen kann dazu
beitragen, eine Generation von engagierten und
verantwortungsbewussten Bürgern heranzubilden.

## DIE SPRACHMACHT IM SOZIALEN ENGAGEMENT

Im sozialen Engagement kann die Sprachmacht eine transformative Kraft sein. Indem wir unsere Stimmen erheben und für soziale Gerechtigkeit eintreten, können wir positive Veränderungen in unserer Gesellschaft bewirken. Durch den Einsatz von überzeugender Sprache können wir andere dazu ermutigen, sich für eine gerechtere Welt einzusetzen und Ungerechtigkeiten anzuprangern. Die Sprachmacht im sozialen Engagement kann dazu beitragen, eine inklusive und gerechte Gesellschaft aufzubauen.

## DIE SPRACHMACHT IN DER POLITIK

Die Sprachmacht spielt eine zentrale Rolle in der Politik. Politiker haben die Möglichkeit, durch ihre Worte und Reden die öffentliche Meinung zu beeinflussen und politische Veränderungen herbeizuführen. Indem sie überzeugende Sprache verwenden, können sie Menschen mobilisieren, für ihre Ideen zu kämpfen und politische Entscheidungen zu beeinflussen. Die Sprachmacht in der Politik kann dazu beitragen, eine gerechtere und nachhaltigere Gesellschaft zu schaffen.

## DIE SPRACHMACHT IM JOURNALISMUS

Im Journalismus spielt die Sprachmacht eine entscheidende Rolle bei der Berichterstattung und Meinungsbildung. Journalisten haben die Verantwortung, objektiv und fair zu berichten und die Wahrheit zu suchen. Durch den Einsatz von überzeugender Sprache können sie die Leser dazu bringen, sich mit bestimmten Themen auseinanderzusetzen und ihre Meinung zu formen. Die Sprachmacht im Journalismus kann dazu beitragen, eine informierte und engagierte Öffentlichkeit zu schaffen.

Die Sprachmacht ist ein Geschenk, das wir nutzen können, um positive Veränderungen in unserem Leben und in der Welt um uns herum zu bewirken. Indem wir positive Sprache verwenden, Empathie und Mitgefühl zeigen, inspirierende Worte wählen und authentisch kommunizieren, können wir andere dazu ermutigen, ihr volles Potenzial auszuschöpfen und eine bessere Zukunft zu gestalten. Nutzen wir die Sprachmacht für das Gute und tragen wir dazu bei, eine Welt zu schaffen, in der jeder sein Bestes geben kann.

# DIE SPRACHMACHT IM ALLTAG

## DIE BEDEUTUNG DER SPRACHE IN DER PERSÖNLICHEN ENTWICKLUNG

Die Sprache spielt eine entscheidende Rolle in unserer persönlichen Entwicklung. Sie beeinflusst nicht nur unsere Kommunikation mit anderen Menschen, sondern auch unsere Selbstwahrnehmung und unser Denken. Die Art und Weise, wie wir uns ausdrücken, kann einen großen Einfluss auf unsere Beziehungen, unsere Karriere und unser allgemeines Wohlbefinden haben.

### DIE SPRACHE ALS AUSDRUCK UNSERER PERSÖNLICHKEIT

Unsere Sprache ist ein Spiegelbild unserer Persönlichkeit. Sie zeigt anderen Menschen, wer wir sind und wie wir die Welt sehen. Durch unsere Wortwahl, unseren Sprachstil und unsere Art zu kommunizieren, geben wir anderen Menschen Einblicke in unsere Gedanken, Gefühle und Werte.

Wenn wir uns bewusst sind, wie wir uns sprachlich ausdrücken, können wir unsere Persönlichkeit gezielt präsentieren und beeinflussen. Indem wir positive und konstruktive Worte wählen, können wir anderen Menschen zeigen, dass wir optimistisch, lösungsorientiert und empathisch sind. Eine klare und präzise Sprache vermittelt Kompetenz und Vertrauen. Durch eine offene und zugewandte Kommunikation können wir andere Menschen für uns gewinnen und unsere Beziehungen stärken.

## DIE SPRACHE ALS WERKZEUG ZUR SELBSTREFLEXION

Die Sprache ermöglicht es uns, unsere Gedanken und Gefühle zu verbalisieren und zu reflektieren. Indem wir unsere inneren Prozesse in Worte fassen, können wir uns selbst besser verstehen und unsere Emotionen besser regulieren. Die bewusste Auseinandersetzung mit unserer Sprache kann uns helfen, negative Denkmuster zu erkennen und zu verändern.

Wenn wir uns selbst positiv und ermutigend ansprechen, stärken wir unser Selbstvertrauen und unsere Motivation. Indem wir uns bewusst machen, wie wir über uns selbst sprechen, können wir negative Selbstgespräche stoppen und uns stattdessen auf unsere Stärken und Erfolge konzentrieren. Die Sprache kann uns dabei unterstützen, ein positives Selbstbild zu entwickeln und unsere persönliche Entwicklung voranzutreiben.

## DIE SPRACHE ALS MITTEL ZUR ZIELERREICHUNG

Die Art und Weise, wie wir unsere Ziele formulieren, kann einen großen Einfluss darauf haben, ob wir sie erreichen oder nicht. Indem wir unsere Ziele klar und präzise formulieren, schaffen wir eine klare Vorstellung davon, was wir erreichen wollen. Eine positive und motivierende Sprache kann uns dabei helfen, unsere Ziele mit mehr Leidenschaft und Entschlossenheit zu verfolgen.

Darüber hinaus kann die Sprache auch als Motivationswerkzeug dienen. Indem wir uns selbst mit positiven und inspirierenden Worten ansprechen, können wir unsere Motivation steigern und uns selbst dazu bringen, die notwendigen Schritte zu unternehmen, um unsere Ziele zu erreichen. Die Sprache kann uns dabei helfen, Hindernisse zu überwinden, Rückschläge zu verkraften und unsere Ausdauer zu stärken.

## DIE SPRACHE ALS MITTEL ZUR SELBSTENTFALTUNG

Die Sprache ermöglicht es uns, unsere Gedanken und Ideen mit anderen Menschen zu teilen und uns mit ihnen auszutauschen. Indem wir unsere Meinungen und Überzeugungen klar und überzeugend kommunizieren, können wir andere Menschen für unsere Ideen begeistern und sie dazu bringen, uns zu unterstützen.

Die Sprache kann uns auch dabei helfen, unsere Kreativität auszudrücken und unsere eigenen Ideen weiterzuentwickeln. Indem wir unsere Gedanken in Worte fassen, können wir sie besser strukturieren und neue Zusammenhänge erkennen. Die Sprache kann uns dabei helfen, neue Perspektiven einzunehmen, innovative Lösungen zu finden und unsere kreativen Fähigkeiten zu entfalten.

Insgesamt spielt die Sprache eine entscheidende Rolle in unserer persönlichen Entwicklung. Sie beeinflusst nicht nur unsere Kommunikation mit anderen Menschen, sondern auch unsere Selbstwahrnehmung, unser Denken und unsere Zielerreichung. Indem wir uns bewusst mit unserer Sprache auseinandersetzen und sie gezielt einsetzen, können wir unsere Persönlichkeit entfalten, unsere Beziehungen stärken und unsere Ziele erreichen.

## DIE ÜBERZEUGUNGSKRAFT IN ALLTAGSSITUATIONEN

In unserem täglichen Leben stehen wir immer wieder vor Situationen, in denen wir andere Menschen von unseren Ideen, Meinungen oder Vorschlägen überzeugen möchten. Ob es darum geht, einen Freund von einem bestimmten Film zu überzeugen, einen Kollegen von einem neuen Projekt zu begeistern oder unseren Partner von einer gemeinsamen Entscheidung zu überzeugen - die Sprache spielt dabei eine entscheidende Rolle. In diesem Kapitel werden wir uns damit beschäftigen, wie wir unsere Überzeugungskraft in Alltagssituationen gezielt einsetzen können.

## DIE BEDEUTUNG DER SPRACHE IN DER ÜBERZEUGUNG

Die Art und Weise, wie wir unsere Gedanken und Argumente formulieren, kann einen großen Einfluss darauf haben, ob wir andere Menschen überzeugen können oder nicht. Es ist wichtig, klar und präzise zu kommunizieren, um Missverständnisse zu vermeiden und unsere Botschaft effektiv zu vermitteln. Dabei sollten wir auch auf unsere Wortwahl achten und positive Formulierungen verwenden, um eine positive Atmosphäre zu schaffen und das Interesse unseres Gegenübers zu wecken.

## DIE KUNST DES AKTIVEN ZUHÖRENS

Um andere Menschen zu überzeugen, ist es nicht nur wichtig, unsere eigenen Argumente klar darzulegen, sondern auch aktiv zuzuhören und die Perspektive unseres Gegenübers zu verstehen. Indem wir aufmerksam zuhören und auf die Bedürfnisse und Interessen des anderen eingehen, können wir eine Verbindung herstellen und unsere Argumente gezielt anpassen, um eine größere Überzeugungskraft zu erzielen.

## DIE MACHT DER GESCHICHTEN

Eine effektive Methode, um Menschen zu überzeugen, ist der Einsatz von Geschichten. Geschichten haben die Fähigkeit, Emotionen zu wecken und eine Verbindung herzustellen. Indem wir unsere Argumente in Form einer Geschichte präsentieren, können wir das Interesse und die Aufmerksamkeit unseres Gegenübers gewinnen und unsere Botschaft auf eine einprägsame Weise vermitteln.

## DIE KUNST DES KOMPROMISSES

In Alltagssituationen ist es oft notwendig, Kompromisse einzugehen, um andere Menschen zu überzeugen. Es ist wichtig, flexibel zu sein und alternative Lösungen anzubieten, die sowohl unsere eigenen Interessen als auch die Interessen des anderen berücksichtigen. Indem wir bereit sind, auf die Bedürfnisse anderer einzugehen und gemeinsame Lösungen zu finden, können wir eine positive Atmosphäre schaffen und unsere Überzeugungskraft stärken.

## DIE BEDEUTUNG VON EMPATHIE

Empathie ist ein wichtiger Faktor, um andere Menschen zu überzeugen. Indem wir uns in die Lage unseres Gegenübers versetzen und seine Perspektive verstehen, können wir gezielt auf seine Bedürfnisse und Interessen eingehen. Durch empathisches Verhalten zeigen wir Respekt und Wertschätzung und schaffen eine Verbindung, die unsere Überzeugungskraft verstärkt.

## DIE KUNST DER KÖRPERSPRACHE

Neben unserer verbalen Kommunikation spielt auch unsere Körpersprache eine entscheidende Rolle bei der Überzeugung anderer Menschen. Durch eine offene und aufrechte Haltung, angemessene Gestik und Blickkontakt können wir Vertrauen aufbauen und unsere Überzeugungskraft stärken. Es ist wichtig, bewusst auf unsere Körpersprache zu achten und sie gezielt einzusetzen, um unsere Botschaft zu unterstützen.

## DIE KRAFT DER BEISPIELE

Um andere Menschen zu überzeugen, können wir auf konkrete Beispiele zurückgreifen, die unsere Argumente veranschaulichen und greifbar machen. Indem wir realistische und gut gewählte Beispiele verwenden, können wir das Verständnis und die Zustimmung unseres Gegenübers fördern und unsere Überzeugungskraft erhöhen.

## DIE BEDEUTUNG VON VERTRAUEN

Vertrauen ist ein wichtiger Faktor, um andere Menschen zu überzeugen. Indem wir Vertrauen aufbauen und glaubwürdig auftreten, können wir das Interesse und die Zustimmung unseres Gegenübers gewinnen. Es ist wichtig, ehrlich und authentisch zu sein und unsere Versprechen einzuhalten, um Vertrauen aufzubauen und unsere Überzeugungskraft zu stärken.

## DIE KUNST DES FEEDBACKS

Feedback ist ein wertvolles Werkzeug, um unsere Überzeugungskraft in Alltagssituationen zu verbessern. Indem wir offen für Rückmeldungen sind und konstruktives Feedback annehmen, können wir unsere Kommunikationsfähigkeiten weiterentwickeln und gezielt an unseren Schwächen arbeiten. Feedback ermöglicht es uns, uns kontinuierlich zu verbessern und unsere Überzeugungskraft zu steigern.

## DIE BEDEUTUNG VON GEDULD UND AUSDAUER

In Alltagssituationen ist es oft notwendig, geduldig und ausdauernd zu sein, um andere Menschen zu überzeugen. Es kann einige Zeit dauern, bis unsere Argumente und Ideen Gehör finden und akzeptiert werden. Es ist wichtig, nicht aufzugeben und hartnäckig zu bleiben, um langfristig erfolgreich zu sein und unsere Überzeugungskraft zu stärken.

Die Überzeugungskraft in Alltagssituationen zu nutzen, erfordert bewusstes Handeln und die Bereitschaft, sich kontinuierlich weiterzuentwickeln. Indem wir unsere Kommunikationsfähigkeiten gezielt verbessern und verschiedene Techniken einsetzen, können wir andere Menschen effektiv überzeugen und beeinflussen. Die Sprachmacht, die wir besitzen, kann uns dabei helfen, unsere Ziele zu erreichen und erfolgreich zu sein.

# DIE SPRACHMACHT IN DER FAMILIE

Die Sprachmacht ist ein mächtiges Werkzeug, das nicht nur in beruflichen oder politischen Kontexten eingesetzt werden kann, sondern auch in unseren persönlichen Beziehungen. In der Familie spielt die Sprache eine entscheidende Rolle, um unsere Gedanken, Gefühle und Bedürfnisse auszudrücken und unsere Beziehungen zu stärken. In diesem Kapitel werden wir uns damit beschäftigen, wie wir die Sprachmacht in der Familie nutzen können, um eine positive und harmonische Atmosphäre zu schaffen.

## DIE BEDEUTUNG DER KOMMUNIKATION IN DER FAMILIE

Die Kommunikation ist das Fundament jeder Beziehung, und das gilt auch für die Familie. Durch die Sprache können wir unsere Liebe, Wertschätzung und Unterstützung für unsere Familienmitglieder zum Ausdruck bringen. Gleichzeitig können wir auch Konflikte und Missverständnisse durch eine klare und respektvolle Kommunikation lösen. Die Art und Weise, wie wir miteinander sprechen, beeinflusst maßgeblich das Familienklima und das Wohlbefinden jedes Einzelnen.

## DIE KRAFT DER POSITIVEN SPRACHE

In der Familie ist es besonders wichtig, eine positive Sprache zu verwenden. Durch positive Worte und Sätze können wir unsere Familienmitglieder ermutigen, stärken und motivieren. Lob, Anerkennung und Wertschätzung sind essentiell, um das Selbstwertgefühl und das Vertrauen unserer Liebsten aufzubauen. Indem wir positive Sprache verwenden, schaffen wir eine Atmosphäre des Wohlwollens und der Unterstützung, in der sich jeder geliebt und akzeptiert fühlt.

## DIE KUNST DES ZUHÖRENS UND VERSTEHENS

In der Familie geht es nicht nur darum, unsere eigenen Gedanken und Gefühle auszudrücken, sondern auch darum, unseren Familienmitgliedern zuzuhören und sie zu verstehen. Aktives Zuhören bedeutet, unsere volle Aufmerksamkeit auf den Sprecher zu richten, nonverbale Signale wahrzunehmen und empathisch zu reagieren. Indem wir unseren Familienmitgliedern das Gefühl geben, gehört und verstanden zu werden, stärken wir die Bindung und das Vertrauen zueinander.

## KONFLIKTE KONSTRUKTIV LÖSEN

In jeder Familie gibt es Konflikte und Meinungsverschiedenheiten. Die Art und Weise, wie wir mit diesen Konflikten umgehen, kann jedoch einen großen Unterschied machen. Durch eine konstruktive Sprache können wir Konflikte in der Familie lösen, ohne dabei die Beziehung zu belasten. Es ist wichtig, respektvoll zu kommunizieren, die eigenen Bedürfnisse klar auszudrücken und Kompromisse zu finden, die für alle Beteiligten akzeptabel sind.

## DIE BEDEUTUNG VON KLAREN GRENZEN UND REGELN

In der Familie sind klare Grenzen und Regeln wichtig, um ein harmonisches Zusammenleben zu ermöglichen. Durch eine klare und eindeutige Sprache können wir unseren Kindern und anderen Familienmitgliedern die Erwartungen und Regeln vermitteln. Es ist wichtig, dass diese Regeln fair und konsistent sind und dass sie von allen Familienmitgliedern respektiert werden. Durch eine klare Kommunikation schaffen wir eine Struktur und Sicherheit, die für das Wohlbefinden aller wichtig ist.

## DIE BEDEUTUNG VON EMPATHIE UND VERSTÄNDNIS

Empathie und Verständnis sind entscheidend, um eine starke und liebevolle Familie aufzubauen. Durch eine einfühlsame Sprache können wir unsere Familienmitglieder unterstützen, wenn sie mit Herausforderungen konfrontiert sind, und ihnen das Gefühl geben, dass wir immer für sie da sind. Indem wir uns in die Lage des anderen versetzen und versuchen, seine Perspektive zu verstehen, können wir Konflikte vermeiden und eine tiefere Verbindung herstellen.

## DIE SPRACHMACHT DER VERGEBUNG

In jeder Familie gibt es Fehler und Enttäuschungen. Die Sprachmacht der Vergebung ermöglicht es uns, diese Fehler zu erkennen, zu akzeptieren und zu vergeben. Durch eine verzeihende Sprache können wir alte Wunden heilen und unsere Beziehungen stärken. Es ist wichtig, ehrlich und aufrichtig zu sein, wenn wir um Vergebung bitten oder sie gewähren. Indem wir Vergebung praktizieren, schaffen wir Raum für Wachstum, Veränderung und eine liebevolle Familienkultur.

## DIE SPRACHMACHT DER DANKBARKEIT

Dankbarkeit ist ein mächtiges Werkzeug, um unsere Familienbeziehungen zu stärken. Durch eine dankbare Sprache können wir unsere Wertschätzung für die kleinen und großen Dinge im Leben zum Ausdruck bringen. Indem wir unseren Familienmitgliedern zeigen, dass wir ihre Anstrengungen und Beiträge schätzen, schaffen wir eine Atmosphäre der Liebe und des Respekts. Dankbarkeit ist eine Sprache, die Herzen öffnet und Beziehungen vertieft.

## DIE SPRACHMACHT DER LIEBE

Die Liebe ist die stärkste Sprache in der Familie. Durch liebevolle Worte und Gesten können wir unsere Zuneigung und Verbundenheit zu unseren Familienmitgliedern ausdrücken. Es ist wichtig, unsere Liebe regelmäßig zu zeigen und nicht als selbstverständlich anzusehen. Indem wir unsere Familienmitglieder wissen lassen, dass wir sie bedingungslos lieben, schaffen wir eine Atmosphäre der Geborgenheit und des Glücks.

## DIE SPRACHMACHT IM ALLTAG

Die Sprachmacht in der Familie ist nicht auf besondere Anlässe beschränkt, sondern kann im Alltag gelebt werden. Jeder Moment bietet die Möglichkeit, unsere Sprache bewusst einzusetzen, um unsere Familienbeziehungen zu stärken. Indem wir liebevolle und respektvolle Worte wählen, können wir eine positive und unterstützende Atmosphäre schaffen, in der sich jeder geliebt und wertgeschätzt fühlt.

Die Sprachmacht in der Familie ist ein Geschenk, das wir nutzen können, um unsere Beziehungen zu stärken und ein harmonisches Zusammenleben zu ermöglichen. Indem wir bewusst auf unsere Sprache achten und sie liebevoll und respektvoll einsetzen, können wir eine Familie aufbauen, die von Vertrauen, Liebe und Unterstützung geprägt ist. Die Sprachmacht liegt in unseren Händen - nutzen wir sie, um unsere Familienbeziehungen zu bereichern und zu stärken.

## DIE SPRACHMACHT IM FREUNDESKREIS

Der Freundeskreis ist ein wichtiger Teil unseres Lebens. Hier verbringen wir Zeit mit Menschen, die uns nahestehen und die wir schätzen. In diesem Kapitel werden wir uns damit beschäftigen,

wie wir die Sprachmacht nutzen können, um unsere Freunde zu
überzeugen und zu beeinflussen.

## DIE BEDEUTUNG DER SPRACHE IN DER FREUNDSCHAFT

Die Sprache spielt eine entscheidende Rolle in der Freundschaft.
Durch unsere Worte können wir unsere Gedanken, Gefühle und
Meinungen ausdrücken. Eine klare und verständliche
Kommunikation ist daher von großer Bedeutung, um
Missverständnisse zu vermeiden und eine gute Beziehung zu
unseren Freunden aufzubauen.

## DIE ÜBERZEUGUNGSKRAFT DER SPRACHE IM FREUNDESKREIS

Um unsere Freunde zu überzeugen, ist es wichtig, die richtigen
Worte zu wählen. Wir sollten unsere Argumente klar und präzise
formulieren und auf die Bedürfnisse und Interessen unserer
Freunde eingehen. Indem wir ihre Perspektive verstehen und
empathisch kommunizieren, können wir ihre Aufmerksamkeit
gewinnen und sie von unseren Ideen überzeugen.

## DIE KUNST DES ZUHÖRENS UND VERSTEHENS

Eine gute Kommunikation im Freundeskreis erfordert nicht nur das
Sprechen, sondern auch das Zuhören. Indem wir unseren Freunden
aktiv zuhören und ihre Gedanken und Gefühle ernst nehmen,
zeigen wir ihnen, dass wir sie respektieren und wertschätzen.
Durch das Verstehen ihrer Perspektive können wir besser auf ihre
Bedürfnisse eingehen und unsere Überzeugungskraft gezielt
einsetzen.

## DIE BEDEUTUNG VON EMOTIONEN IN DER FREUNDSCHAFT

Emotionen spielen eine wichtige Rolle in der Freundschaft. Indem
wir unsere eigenen Emotionen authentisch ausdrücken und auf die
Emotionen unserer Freunde eingehen, können wir eine tiefere

Verbindung herstellen. Emotionale Worte und Geschichten können unsere Freunde dazu bewegen, sich mit uns zu identifizieren und unsere Überzeugungskraft zu verstärken.

## DIE SPRACHMACHT IM KONFLIKTMANAGEMENT

Konflikte sind in jeder Freundschaft unvermeidlich. Die Sprachmacht kann jedoch dazu beitragen, Konflikte zu lösen und die Beziehung zu stärken. Durch eine respektvolle und einfühlsame Kommunikation können wir unsere Standpunkte klar machen und gleichzeitig die Gefühle unserer Freunde berücksichtigen. Indem wir nach Lösungen suchen und Kompromisse eingehen, können wir Konflikte in positive Veränderungen umwandeln.

## DIE SPRACHMACHT IN DER UNTERSTÜTZUNG

Freundschaft bedeutet auch, einander zu unterstützen. Durch unsere Worte können wir unsere Freunde ermutigen, motivieren und inspirieren. Indem wir ihnen positive und aufbauende Rückmeldungen geben, können wir ihr Selbstvertrauen stärken und sie dazu ermutigen, ihre Ziele zu verfolgen. Die Sprachmacht kann dazu beitragen, dass unsere Freunde ihr volles Potenzial entfalten und erfolgreich sein können.

## DIE SPRACHMACHT IN DER FREIZEITGESTALTUNG

Die Sprachmacht kann auch in der Freizeitgestaltung im Freundeskreis eingesetzt werden. Indem wir unsere Ideen und Vorschläge mit Begeisterung und Überzeugung präsentieren, können wir unsere Freunde dazu inspirieren, an unseren Aktivitäten teilzunehmen. Durch die Wahl der richtigen Worte können wir ihre Neugier wecken und sie dazu bringen, neue Erfahrungen zu machen und ihre Komfortzone zu erweitern.

## DIE SPRACHMACHT IN DER GRUPPENDYNAMIK

In einer Gruppe von Freunden kann die Sprachmacht dazu
beitragen, die Gruppendynamik zu beeinflussen. Indem wir unsere
Ideen und Meinungen klar und überzeugend kommunizieren,
können wir die Aufmerksamkeit der Gruppe auf uns lenken und
unsere Vorstellungen durchsetzen. Es ist jedoch wichtig, die
Bedürfnisse und Meinungen der anderen Gruppenmitglieder zu
respektieren und eine offene und respektvolle Kommunikation
aufrechtzuerhalten.

## DIE SPRACHMACHT IN DER KONFLIKTVERMEIDUNG

Die Sprachmacht kann auch dazu genutzt werden, Konflikte im
Freundeskreis zu vermeiden. Indem wir unsere Worte sorgfältig
wählen und auf eine positive und respektvolle Art und Weise
kommunizieren, können wir Missverständnisse und Spannungen
reduzieren. Durch eine offene und ehrliche Kommunikation
können wir Probleme frühzeitig erkennen und gemeinsam
Lösungen finden, bevor sie zu größeren Konflikten eskalieren.

## DIE SPRACHMACHT FÜR EINE STARKE FREUNDSCHAFT

Die Sprachmacht kann dazu beitragen, eine starke und dauerhafte
Freundschaft aufzubauen. Indem wir unsere Worte mit Bedacht
wählen und unsere Freunde respektvoll und einfühlsam behandeln,
können wir eine Atmosphäre des Vertrauens und der Unterstützung
schaffen. Durch eine offene und ehrliche Kommunikation können
wir unsere Freundschaft stärken und gemeinsam positive
Erlebnisse und Erinnerungen schaffen.

Die Sprachmacht im Freundeskreis ist ein wertvolles Werkzeug,
um unsere Freunde zu beeinflussen und zu überzeugen. Indem wir
die richtigen Worte wählen, aktiv zuhören und auf die Bedürfnisse
und Emotionen unserer Freunde eingehen, können wir eine tiefere
Verbindung herstellen und unsere Überzeugungskraft gezielt

einsetzen. Die Sprachmacht kann dazu beitragen, Konflikte zu lösen, Unterstützung zu bieten und eine starke Freundschaft aufzubauen. Nutzen Sie die Sprachmacht im Freundeskreis, um positive Veränderungen zu bewirken und eine erfüllende und bereichernde Beziehung zu Ihren Freunden aufzubauen.

www.ingramcontent.com/pod-product-compliance
Lightning Source LLC
Chambersburg PA
CBHW060104260726
48658CB00004B/1390